글로 쓰는 삶의 향기

구절초를 위하여

산아래

■ 『글향』 2025 발간에 부쳐

구절초를 위하여

진솔한 삶의 기록

　독서를 통해 인문학적 소양을 기르고, 글쓰기를 통해 자기 정체성을 찾고자 갈망하는 사람들이 옥길 제일 풍경채 제이드 카운티 아파트 작은 도서관에 모였습니다.

　《글향》.
　글로 쓰는 삶의 향기.
　서툴지만 한 줄 한 줄 자신의 경험과 생각을 글로 옮겨 쓰면서 나는 어떤 사람인지를 알게 되었고, 또 타인의 생각과 경험을 공유하면서 자아를 성장시키는 기회가 되었습니다.
　지나온 삶의 여정을 되짚으면서 잊고 있었던 사랑이 다시 깨어났고, 오래 묻어두었던 상처가 드러났습니다. 그러나 서로의 마음을 이해하고 어깨 다독여 주는 동행이 있어 못내 부끄러운 이야기도 기꺼이 꺼내 놓을 수 있었습니다.

십인십색十人十色.

  연배年輩도 다르고 성장 배경이나 생활 환경도 제각각인 열 사람의 서로 다른 삶의 노정路程을 한 권의 책으로 묶었습니다.

  비록 서툴고 거칠어도 진솔眞率한 삶의 기록입니다. 내로라 할 것 없는 소시민의 이야기지만 이 책을 읽는 누군가에게 작은 위로가 되었으면 좋겠습니다.

  함께해 주신 회원들에게 깊은 감사의 말씀을 드립니다.

2025년 12월

글향 회장 문한기

글향 2025

강정희 ……………………………………………………
…………………………………007
폭싹 속았수다 009
백원이야 013
시간이 문제로다 015
사탕 한 알 018

김경식 ……………………………………………………
………………………………021
동행 023
그림자 찾기 027
시골 버스를 타고 싶다 031
힐링 없는 삶 034

김영순 ……………………………………………………
……………………………… 037
버킷리스트 -내 생의 전환점 039
소나기, 그 후 046
자유의 맛 053
첫사랑 056

김정이 ……………………………………………………..
……………………………… **065**

바람 부는 날 벼꽃이 피었다 067
아픈 손가락 072
올해도 영산홍이 피었을까 077
여리고 순한 것들과 함께 080

김태선 ……………………………………………………..
……………………………… **085**

할머니의 부엌 87
커피 이야기 90
현대인의 자화상 93
원미산 연가 97

문한기 ……………………………………………………..
……………………………… **101**

그 사람을 가졌는가 103
성취하는 기쁨 107
초극하는 삶 110
사랑의 회복 113

신용택 ……………………………………………………..
……………………………… **117**

수도산 마을 풍경 119
은색 줄 시계 121
식혜 123
아버님께 125

이관수 ··
······························ **129**

거울 보기 131
나를 존중하는 독서 135
미소의 선물 137
법칙과 약속 141

이명식 ··
······························ **145**

명상 속 세계 여행 -태평양에서 대서양까지 147
물처럼, 바람처럼 150
주시자注視者 155
사랑받기 위해 태어난 아이 160

하동은 ··
······························ **163**

구절초를 위하여 165
재희 언니 168
우리는 만날 수 있을까? 172
버려진 나무 177

강정희

폭싹 속았수다
백원이야
시간이 문제로다
사탕 한 알

　사랑이 있어야 산다. 수틀리면 돌아올 수 있는, 그런 집과 사람을 남겨두자. 수틀리면 언제든 돌아올 수 있는 집, 그 집을 지켜주는 사람, 그리고 스스로를 믿고 살아내는 힘.

폭싹 속았수다

배곯는 꼴 보자고 할 사람 누게 있어라.
사람 혼자 못 산다이. 같이 글라 같이 가.
같이 글믄 백 리 길도 십 리 된다.

살아가는 곳곳에 이웃이 있어 고비를 넘고 살아진다.
  드라마 《폭싹 속았수다》는 단지 70대 노부부의 인생 이야기가 아니다. 그건 우리 모두가 한 번쯤 겪었거나, 겪고 있는 이야기다. 누군가에게는 과거이고, 누군가에게는 현재이며, 또 누군가에게는 미래가 될 이야기다. '폭싹 속았수다'는 제주 방언으로 "정말 수고 많으셨습니다"라는 뜻이다. 이 말은 이 드라마의 주인공인 70대 노부부에게 보내는 격려이기도 하다. 대한민국의 70대는 현대사의 격랑 속에서 누구보다 많은 일을 겪었고, 그래서 누구보다 하고 싶은 이야기가 많은 세대이기도 하다.
  드라마는 세 세대에 걸친 가족사를 풀어간다. 엄마 전광례는 매일 목숨을 걸고 바다로 들어간다. 그녀의 삶은 딸 오애순(아이유 분扮)이 쓴 시에 고스란히 담겨 있다.

개점복

허구헌 날 점복 점복.
태풍 와도 점복 점복.

딸보다도 점복 점복.

꼬르륵 들어가면 빨리나 나오지.
어째 까무룩 소식이 없소,
점복 못 봐 안 나오나,
숨이 딸려 못 나오나,

똘내미 속 다 타두룩
내 어망 속 태우는
고놈의 개점복

전복 팔아 버는 백환.
내가 주고 어망 하루를 사고 싶네.
허리 아픈 울 어망,
콜록대는 울 어망,

백 환에 하루씩만
어망 쉬게 하고 싶네.

관식(박보검 분扮)은 초등학생 시절부터 애순을 도와주며 좋아했다. 고등학생이 된 두 사람은 집안 패물을 들고 신혼부부로 위장하여 부산으로 도망쳤다.
그곳에서 도둑을 맞고 다시 제주로 돌아온 둘은, 관식이 육지를 향해 떠나려 하자 애순이 배에서 뛰어내리게 만들며 끝내 결혼한다.

결혼 후 본가에서 살게 된 관식은 남존여비의 집안 전통에도 불구하고, 아버지와 할머니와 밥상머리를 나누는 대신 엄마, 아내, 딸과 함께 밥을 먹는다. 그런 행위 속엔 "콩이나 반찬은 애순이랑 금명이 먹여야지" 하는 속 깊은 마음이 숨겨져 있었다.

그 후 분가한 부부는 찢어지는 가난 속에서 아이의 죽음이라는 비극을 겪는다. 막내 동명이가 바다에 빠져 세상을 떠나고, 그러나 부부는 큰 슬픔 속에서도 다시 일어선다. 애순은 엄마의 말을 떠올리며 다시 삶을 붙든다.

"살다 살다 힘들면 버둥대라. 그러면 살아진다."

누군가가 나를 도와주기를 기다리기보다는 내가 나를 도와야 하는 것이다.

성공 지향적인 삶이 우리 사회 발전의 원동력이 되었을지도 모르지만, 그것은 행복과는 거리가 멀다. 삶의 목적은 성공이 아니라 행복이다.

전통적인 관습으로는 한번 시집가면 그 집 귀신이 되어야 한다고 했다. 그러나 관식은 그 모든 관습을 뛰어넘어 딸 금명이에게 언제든 돌아오라고 말한다.

"빠구. 아빠 여기 있어. 수틀리면 돌아와."

잘못되었다고 느낄 때 돌아갈 도피처가 있어야 한다.

사위 영범은 관식이만큼이나 금명이를 사랑한다. 하지만 환영받지 못하는 시댁과의 관계에서 고민하던 금명은 영범이에게 말한다.

"나는 네가 좋은데 나도 내가 좋아. 안쓰러워서 안 되겠어."

아빠와 엄마가 자기를 생각하는 모습을 보면서 떳떳한 삶을 살려고 하는 금명이의 선택은 탁월했다. 상대를 사랑하면서도 자기를 객관적으로 바라보고 헌신적인 부모의 사랑을 받고 자란 딸의 당당한 자기애였다.

《폭싹 속았수다》는 단순한 사랑 이야기가 아니다. 그건 한 사람을 지키기 위해 얼마나 많은 사람이 애쓰는지, 그 과정에서 우리가 진짜 놓치지 말아야 할 게 무엇인지 묻는 드라마다. 그리고 그 질문에 맞는 답을 들려준다.

사랑이 있어야 산다. 수틀리면 돌아올 수 있는 그런 집과 사람을 남겨두자. 수틀리면 언제든 돌아올 수 있는 집, 그 집을 지켜주는 사람, 그리고 스스로를 믿고 살아내는 힘.

산다 어려울 때 누군가의 한 마디 따뜻한 위로와 사랑이 다시 살아갈 수 있는 힘을 준다. 살아가고 있는 우리 모두에게 하고 싶은 말은 "폭싹 속았수다"이다.

백원이야

남편은 오류동역장으로 퇴직하리라 생각했다. 하지만 퇴직을 5개월 남긴 어느 날, 철도박물관장 제의가 들어왔다. 왕복 세 시간이 넘는 거리라 망설였지만, 평소 애정을 품고 있던 자리였기에 오랜 고민 끝에 수락했다.

다행히도 박물관 인근 군포에 사택이 생겼다. 출퇴근 시간을 아껴 일에 더 집중할 수 있게 된 것이다. 남편은 '최후의 일각까지, 최후의 일인까지'라는 말을 자주 쓴다. 누가 들으면 독립운동이라도 하는 줄 알겠지만, 그 말이 나는 좋다. 진심과 책임이 느껴지기 때문이다.

일요일 저녁 우리는 사택을 꾸미기 위해 필요한 물건을 사러 나섰다. 군포 근처 의왕에는 '도깨비시장'이 있다. 휴일이라 그런지 문을 닫은 가게들이 많았다.

조금 전까지만 해도 불이 켜져 있던 떡집도 돌아오는 길엔 어둠 속에 잠겨 있었다. 우리는 결국 대형 마트로 향했다. '더블 액션 플러스 물걸레 청소포'를 사려 했지만 보이지 않아 대신 물티슈를 샀다.

그런데 나오는 길, 마트 통로 한쪽에 화사한 꽃들이 눈에 들어왔다. 이사 간 집에 꽃이 있으면 좋겠다 싶어 노란 꽃 한 송이, 빨간 꽃 한 송이를 골랐다. 같은 종류의 꽃인데 색이 달라 잘 어울려 보기 좋았다.

계산을 하며
"이 꽃 이름이 뭔지 아세요?" 물었더니, 계산대에 있던 아주머니가 활짝 웃으며 말했다.

"백 원이야."
"백 원이요?"
"아니요, 꽃 이름이 베고니아예요."
집에 돌아와 주방 창가에 올려두고 스마트폰으로 검색해 보았다. 베고니아의 꽃말은 당신을 사랑합니다, 짝사랑, 수줍음이란다.

창가에 수줍게 앉은 베고니아는 홀로 남은 남편에게 나의 마음을 조용히 대신 전하고 있을 것이다.

시간이 문제로다

2020년에 『글이 길이다』라는 어른을 위한 그림책을 냈다.
결혼 전·후 여자의 봄 여름 가을 겨울 이야기와 시집살이하면서 독서회에 나가고 글을 써서 작가가 된다는 이야기다. 글이 길이 될 수 있음을 이야기했다.

글은 길인데 책도 길일까?
집안에 책이 많아도 너무 많다. 발에 치일 정도다. 남편은 자신은 학자라면서 책을 마구 사들인다. 또 필요한 자료들을 내려받아 파일철을 만들어서 책처럼 쌓아 놓는다. 그러니 학자라는 말을 해도 전혀 어색하지 않다. 얼마나 책을 아끼는지 혹여 한 권이라도 없어질까 봐 절대 다른 사람을 집안에 들이지 않는다.
나도 책을 좋아한다. 잘 읽히지 않아도 늘 옆에 끼고 산다. 버스 안에서도 책을 많이 읽는다. 생활 소음이 있는 곳에서 읽으면 졸음이 오지 않아 좋다.
넷째 언니는 시험 전날이면 잠자는 동안에도 머리에 들어오라고 책을 베고 잤다. 그래서였는지 넷째 언니는 우리 집에서 공부를 제일 잘했다.
국군간호대학에 우수한 성적으로 들어갔다. 그래서 나도 가끔 책을 베고 잔다.

첫째와 둘째 아들이 초등학생일 때 나는 교원출판사 외판 일을 했다. 교원에서는 유아부터 고등학교까지의 책을 파는데 마케팅 기법이 대단했다.

판매용 서적에 대한 교육을 철저히 시키고 직원 간의 경쟁을 부추겼다. 나도 쏙 빠져서 책을 많이 샀다. 카드가 있어 할부 구매도 가능했고 회사에서 판매 수당도 받으니 가능했다. 많은 책과 더불어 책장도 선물 받게 되었다. 천만 원어치는 산 것 같다. 경제관념이 없고 이것이 맞다 하면 바로 실행에 옮기는 급한 성격이 한몫했다. 남편이 많이 참아주었다. 그것이 다른 물건이 아니라 책이니까 참아주었을 것이다.

아이들이 유치원 때도 동화책 두 질을 샀다. 표지가 너덜너덜해질 때까지 읽어주었다. 아이들이 큰 후에 낡은 책을 골라서 버리려고 했더니 남편이 손주 생기면 읽어주어야지 그걸 왜 버리냐고 말려서 아직 쌓아두고 있다.

한때 시아버님이 발행하시는 성서 잡지 『십자가 복음』에 원고 입력하는 일을 했다. 다른 곳에서 발행하는 성서 잡지도 구독했다. 그래서 우리 집에는 성서 잡지가 많다. 그러니 책이 계속 쌓여갔다. 그러나 성서 잡지를 버리는 것은 꼭 죄를 짓는 것 같아서 버릴 수 없다.

신혼 초에 제천에서 산 적이 있다. 내가 아는 이○○ 권사님이 하는 아가페 서점이 있었다. 그런데 인터넷 서점이 활성화되면서 아가페 서점도 운영난을 겪었고 권사님도 돌아가셔서 서점은 문을 닫게 되었다. 남편 되는 장로님께서 필요한 책을 다 가져가라고 해서 다섯 박스를 집으로 가져왔다.

가져온 책 중에 영어, 일본어, 독일어, 한글 등 4개의 언어로 쓰여 있는 『잃어버린 반쪽을 찾아서』라는 책이 있었다. 같은 책이 여러 권이어서 막내 영어 스터디 멤버에게 한 권씩 나눠주었다. 그림으로 된 성경 이야기 시리즈도 갖고 와서 잘 보관 중이다. 이 책도 할머니가 되면 손주들에게 읽어 줄 예정이다.

우리 집은 기독교 관련 서적과 내셔널 지오그래픽 책, 철도에 관한 책, 동화책, 지인 작가들이 준 책들로 가득하다. 도서관처럼 장서 목록을 정리했으면 좋겠는데 영 엄두가 나지 않아 손을 대지 못하고 있다.

이 많은 책을 읽을 수 있을까?

사탕 한 알

아침 6시 30분에 눈이 떠졌다. 보통은 5시 50분에 일어나서 아침 글쓰기를 하는데 전날 늦게까지 책장과 장롱을 옮기느라 무리한 탓인지 평상시보다 늦게 일어나게 된 것이다. 이왕 늦었으니 오늘은 그냥 자자 그리고 누워있었다.

다시 눈을 떠보니 택시 안이었다.
"지금 어디 가는 거예요?"
남편에게 물었더니 광명에 있는 중앙대학교 병원 응급실로 가는 중이란다. 내가 의식을 잃었다는 것이다.
마스크를 찾아 쓰고 응급실 안에 들어갔고 막내는 바깥에서 기다렸다.
낙상 위험이라는 표식을 달고 여러 가지 검사를 했다. 머리 CT도 찍었다. 소변을 보고 싶다고 하니 침대에서 해야 된다고 해서 좀 참아보기로 했다. 이런저런 검사 후 도저히 안 되겠기에 소변을 봐야겠다고 하니 플라스틱으로 된 소변기를 가져왔다.
검사용 소변은 따로 받아달라고 해서 소변 중간 것으로 받았다. 남편이 시중을 다 들어 주었다. 이런 일이 일어날 줄이야.
링거 바늘을 꽂은 지 얼마 안 되는데 식사를 하고 당 체크를 하자고 해서 수액이 들어가지 못하도록 조치하고 남편은 음식을 사러 갔다.

냄새 안 나는 음식이 갈비탕이라고 생각해서 갈비탕을 사달라고 했는데 한참 후에 온 남편의 손에는 팥죽과 매생이죽이 들려 있었다. 구내식당에서 샀다고 한다.

  막내아들은 카레를 시켜주고 왔다고 했다. 막내아들은 카카오택시를 부르고 나를 남편과 함께 부축해서 택시에 오르게 했고 응급실에는 못 들어가고 바깥에 계속 있었다. 막내아들 덕에 병원 오기가 수월했다.

  식사 후 혈당 체크를 했다. 괜찮은지 퇴원해도 좋다고 해서 수속을 밟았다. 걸어서 가니 참 좋다는 남편의 말에 동감했다.

  남편의 설명에 의하면 일찍 일어나는 내가 8시, 9시가 넘어도 일어나지 않아서 흔들어 깨워 19일 일정에 대해 이야기를 하는데 눈의 초점이 안 맞더라는 것이다. 그래서 큰일이라 생각하고 가방에서 사탕 한 알을 꺼내 입에 물려 주었다고 한다.

  옷을 입히고 막내아들에게 카카오택시를 부르라고 해서 병원으로 갔다는 이야기다. 가는 도중에 사탕의 힘으로 정신이 들은 것이다. 남편은 내가 늘 가방에 사탕을 가지고 다니는 것을 알고 있었던 것이다.

  남편 없이 혼자 자다가 생긴 일이라면 어쩌면 나는 죽었을지도 모른다. 당뇨 환자만 그러겠는가! 환자들이 때를 놓쳐서 하늘나라에 가는 경우가 얼마나 많은가. 가족의 소중함을 알게 되는 계기가 되었다.

  사탕 한 알!

  사탕 한 알이 참 대단한 일을 했다. 나와 같은 당뇨 환자가 저혈당일 때 생명의 약인 것이다. 일반 사람에게는 별것 아니고 게다가 사탕은 몸에 해롭다는 인식이 많은데 다 쓸모가 있는 것이다. 그것도 생명을 살리는 대단한 쓰임새가 있는 것이다.

살면서 사탕 한 알과 같은 일이 무엇이 있나 생각해 보게 되었다. 나의 사탕 한 알처럼 남에게는 생명을 살리는 것이 무엇일까 생각하니 국경없는의사회 같은 곳에 후원하는 것이었다. 그래, 국경없는의사회에 적은 돈이라도 후원을 하자. 외식 한 번 줄이면 후원할 수 있으니까. 오늘부터 시작하자. 바로 전화를 걸었다.

김경식

동행同行
그림자 찾기
시골 버스를 타고 싶다
힐링 없는 삶

 아버지의 사랑은 그렇게 눈에 보이지 않는 것인지도 모른다. 가슴 저 깊은 곳에 가라앉아 있다가 어느 순간 불현듯 떠올라서, 당신보다 더 나이 들어버린 자식의 눈자위를 붉게 물들게 하는 것이다.

동행同行

 옛 어른과의 여행은 언제나 과거를 향해 열려 있게 마련이다. 짬을 내어 고향 집을 찾았더니 늙으신 아버지께서
 "어떠냐? 신곡리新谷里로 드라이브 가지 않을래?"
하신다.
 기억 속에서만 어렴풋하게 존재할 뿐, 그 흔적조차 찾을 수 없는 신곡리는 내가 어릴 적에 잠시 살았던 면 소재지 마을이다. 대청댐이 축조되면서 산 아래의 마을은 물속으로 사라져버렸는데 보상금을 받아 도시로 떠났던 주민들이 하나둘씩 되돌아와 가두리양식을 하거나 낚시꾼들을 위한 매운탕집을 열면서 새로운 마을이 형성되었다.
 "오랜만에 한 번 둘러보고 오지요. 타세요."
 "가서 송어松魚나 한 접시 하자."

 그러나 흐려지는 아버지의 눈빛에서 이번 여행의 목적은 기실 송어가 아니라 이미 오래전에 떠나간 어린 무덤에 있음을 나는 직감적으로 알아차린다.
 아홉 살 나던 때였다. 어느 날부터 두 살배기 여동생이 시름시름 앓기 시작했다. 면에서 유일한 의료 기관이었던 보건지소의 의사 선생님이 왕진 나와 사흘 밤을 지켜주셨는데도 미선(美善)이는 끝내 생명의 끈을 놓치고 말았다.
 그날 아침은 적막했다. 아버지 어머니 그리고 우리 남매들, 다섯 식구는 윗방에서 소리 죽여 눈물을 삼키고 있었다.
 "아범. 내려오시게."

이윽고, 안방에서 미선이의 마지막을 지켜보신 동네 할머니의 나직한 목소리가 미닫이문을 넘어왔다.
"눈은 감겨서 보내야지."

거적에 싸인 미선이가 아버지의 등에 업혀 떠나고,
"나, 네 동생 어디 묻었는지 안다."
"여름에 미친년 뛰어내린 정자亭子 알지? 그 밑 큰길가 밭이야. 막대기에 기저귀를 달아 놓았어."
동무들이 자랑스레 일러주는 장소를 어림하여 보았을 뿐, 괜스레 무서워서 이듬해 봄 이삿짐을 실은 트럭 짐칸에 앉아 그 마을을 떠날 때까지 한 번도 찾아가 보지 못하였다.
그날 이후 우리 집에는 부부싸움이 끊이지 않았다. 발단은 언제나 어머니의 통곡 소리였다. 먼저 보낸 자식에 대한 안타까움을 밤마다 어머니는 큰 울음으로 쏟아 놓으셨다.
"제발 그만해! 그렇게 울면 걔가 살아서 돌아온대?"
어르고 달래다가 버럭 화를 내고 밖으로 나가시는 아버지는 피도 눈물도 없는 비정한 사람처럼 보였다.

"잠깐 쉬어서 가자."
길가에 차를 세우자 푸른 물결이 눈 앞에 펼쳐진다.
"경찰 지서警察支署가 저어 쪽에 있었고 우리 집은 저기쯤이었을 거야. 그렇지?"
해의 위치와 산세로 위치를 가늠하시던 아버지의 눈길이 지서와 우리 집 앞을 따라 달려가다가 저만큼의 물결 위에서 한참을 맴돌고 있다. 아마도 미선이의 마지막 자리를 더듬고 계시리라.

조심스럽게 다가선다.
"여기 자주 오셨었어요?"
"아니, 가끔 와서 소주랑 과자부스러기랑 놓고 갔지."

 점심 식사를 마치고 돌아오다가 이제는 말라붙은 작은 시내를 만난다.
 "추석이었던가 할머니 댁에 갈 때 버스를 놓치고 저 냇물을 걸어서 건넌 적이 있었지요? 유리 조각에 아버지 발도 베이셨구요."
 삼십 대 젊은 아버지의 발에서 흘러내리던 피가 새삼 선명하게 눈앞에 어른거린다.
 "그때 왜 너한테 신발을 건져오라고 시켰었는지……."
 "……"
 "날이 너무 더웠어, 이상하게 기운이 하나도 없었단다."
 아버지의 마음 한편에는 당신의 상처보다, 끝내 물살을 따라잡지 못해 동생의 고무신을 잃어버린 여섯 살 아들의 더딘 걸음을 꾸중하셨던 것이 아픔으로 남아 있는 모양이다.
 "생각이 나지 않는걸요."
 전혀 생소한 척한다.
 "그러냐?"
 조금은 표정이 편해지신 것 같아 마음이 한결 가벼워진다. 아버지의 사랑은 그렇게 눈에 보이지 않는 것인지도 모른다. 가슴 저 깊은 곳에 가라앉아 있다가 어느 순간 불현듯 떠올라서, 당신보다 더 나이 들어버린 자식의 눈자위를 붉게 물들게 하는 것이다.
아버지,

행여 또 자식에게 진 마음의 빚이 있다 하더라도 이제는 모두 훌훌 풀어 버리셨으면 좋겠다. 그래서 내 인생 여정의 막다른 골목까지 동행하여 주셨으면 좋겠다.

(이제는 다시 뵐 수 없는 아버지 어머니의 명복을 빕니다.)

그림자 찾기

남南 기사님은 봄처럼 부지런하다.
"무얼 또 심으세요?"
"교정校庭에 봄꽃은 지천인데 가을꽃이 없어서요."
세상의 모든 꽃은 봄 며칠 화사하다가 꽃 진 자리 이파리만 무성하다. 그마저도 가을바람에 떨어지고 나면 한 해가 그렇게 쓸쓸히 저물고 마는 것을…. 국화나 코스모스 말고 따로 가을꽃이라니….
궁금해서 바투 다가섰다.
"과꽃인데, 하 예뻐서 작년에 받아둔 씨를 조금 가져왔어요."
"'올해도 과꽃이 피었습니다.' 하는, 그 과꽃 말씀인가요?"
"개량종인지, 예전에 보던 것보다 더 크고 붉더라고요."

*
5학년 때였던가.
옆으로 길게 넘기는 음악 교과서에서 나는 「과꽃」을 처음 만났다.
책에서 본 흑백의 삽화 한 장이 전부였을 뿐 꽃은 실제로 본 적이 없었다. 본 적이 없으니 그 빛깔과 향기도 차마 알 수 없는 노릇이었다.
그러나 나는 과꽃이 좋았다. 익히기 쉬운 8분의 6박자도 그러했지만, 노랫말 속에 '누나'가 있었기에 나는 「과꽃」을 자주 흥얼거렸다.

벌 나비 한 마리 날지 않아도 노을 속으로 저무는 강은 얼마나 아름다운가. 꽃 한 송이 눈에 보이지 않아도 봄바람은 또 얼마나 향기로운가.
모란처럼 향기가 없어도, 설령 이승에서는 만날 수 없는 우담바라優曇婆羅. 상상의 꽃이라 해도 그 속에서 누나의 모습을 떠올릴 수 있다면 그만인 것을….
세상에 존재하지 않는 누나를 그리면서 나는 노상 「과꽃」을 부르고 다녔다.

올해도 과꽃이 피었습니다.
꽃밭 가득 예쁘게 피었습니다.
누나는 과꽃을 좋아했지요.
꽃이 피면 꽃밭에서 아주 살았죠.

사람은 누구나 제가 가지지 못한 것을 그리워하게 되는 법이다.
당시로서는 만혼晩婚이셨던 부모님의 간절한 기다림 끝에 태어나 차고 넘칠 만큼의 사랑을 받았고 또 세 명의 올망졸망한 동생들이 있어 부족함이 없었지만 내게는 맏이로서의 원초적인 그리움이 있었다.
어려운 숙제도 도와주고 속 상하는 일이 있을 때 울먹이는 내 마음을 가만 보듬어줄 수 있는 따뜻한 모성을 지닌 '누나'가 있으면 얼마나 좋을까. 졸래졸래 누나의 발걸음을 따라 등교를 하고 수업이 끝나면 또 나란히 참꽃을 따러 동산으로 사라지는 동무들이 참으로 부러웠다.

그래서 동무와 노는 것도 좋았지만 그의 누나가 보고 싶어 동무의 집을 찾았던 적이 많았다. 혹 누나가 먼저 나와서 문을 열면 숫기가 없어서 애꿎은 돌부리만 걷어차다가 우물우물 제대로 말도 붙이지 못한 채 돌아서기 일쑤였지만 그 누나와 함께 놀 수 있을까 싶어 틈만 나면 울타리를 기웃거렸다.

어쩌다가 운 좋게 함께 어울려 놀 수 있다 해도 기껏해야 반나절이다. 술래잡기를 함께 하거나 누나가 폴짝폴짝 허공으로 뛰어오를 수 있도록 고무줄을 잡아주는 정도였지만 그 시간은 눈깔사탕처럼 참으로 달콤한 것이었다.

과꽃 예쁜 꽃을 들여다보면
꽃 속에 누나 얼굴 떠오릅니다.
시집간 지 온 삼년 소식이 없는
누나가 가을이면 더 생각나요.

그리운 것은 언제나 멀리 있는 법이다.

해거름이 되면 그 동무들은 엄마의 잔소리가 무서워 바쁘게 내 곁을 떠나갔다. 나는 우두커니 홀로 남겨졌고 아쉬운 내 그림자만 길게 목을 늘인 채 그들의 뒤를 따르고 있었다.

터덜터덜 집으로 돌아와 동생들과 웃고 장난치다 보면 그 쓸쓸함은 이내 잊히고 마는 것이었지만 꿈속에서 나는 다시 녀석들의 골목으로 달려갔다.

……대문은 굳게 닫혀 있었다. 누나는 보이지 않고 알 수 없는 향내만 마당에 가득했다. 간혹 영창에 그 모습이 비치는 경우에는 어찌된 일인지 아무리 큰 소리로 불러도 알아듣지 못했다. ……

사춘기에 접어들어 자연스레 내외內外하게 되기까지 어린 시절 내내 나는 그렇게 내게 주어지지 않은 누나의 그림자를 쫓아다녔던 셈이다.

근대화가 시작되고 도회지로 일자리를 찾아 떠나는 집들이 생겨나면서 동무들도 하나씩 둘씩 시골 마을에서 그 모습을 감추어 버렸다.

나도 도시의 고등학교로 진학을 하게 되면서 너무 낡아서 거의 한 뼘마다 매듭눈이 있었던 누나의 검은 고무줄을 정자나무에 그대로 매어둔 채 고향을 떠나게 되었고, 그 후 강산이 몇 번 바뀔 만큼의 속절없는 세월이 흘러갔다.

이제 인생의 가을로 접어들었을 내 동무들은 어떻게 살고 있을까? 그 누나는 울타리를 기웃거리던 홍시紅柿처럼 얼굴 붉은 소년을 기억하고 있을까?

**

수십 송이 탐스런 꽃을 피워 올려 아름다운 추억의 고샅길을 더듬게 해주었던 남 기사님의 과꽃은 바람에 시들고 이제 마른 대궁만 애잔하게 남아 있다.

내년에도 내후년에도 그 누나의 추억을 오래도록 간직하고 싶어서 하나라도 흘릴세라 두 손으로 조심스레 씨를 받는다.

시골 버스를 타고 싶다

 밤새도록 거세게 양철지붕을 두드리던 비는 아침이 되자 말끔하게 그쳤다. 수업이 시작되었지만 자리는 반 넘게 비어있었다. 모두 개울 건너의 마을에서 오는 아이들이었다. 어수선한 첫 시간이 끝나고 빨간 깃발을 든 선생님을 따라 우르르 교문 밖으로 몰려나갔다. 간밤의 비로 흙탕물이 넘실대는 저쪽 개울둑에 모여 섰던 건넛마을 아이들이 만세를 불렀다. 큰 소리로 노래를 부르며 집으로 돌아가는 그들의 등에 대고 우리는 약이 올라 수도 없이 주먹감자를 내질렀다. 공휴일도 아닌데 수업을 안 하고 놀 수 있는 그들이 참으로 부러웠다.
 빨간 깃발은 물이 불어 위험하니 건너지 말고 그냥 돌아가라는 신호였다. 해마다 몇 차례씩 반복되는 일이었음에도 차량의 통행이 많지 않은 두메산골이어서 어른들은 콘크리트 다리를 놓는 대신 물이 빠진 후에 저만치 쓸려나간 돌을 찾아다가 징검다리를 다시 놓는 것이 고작이었다.

 밀물과 썰물처럼 우리 마을에서는 버스를 하루 꼭 두 번씩 볼 수 있었다. 홍수가 나서 산길이 무너져 내렸거나 그날처럼 내가 불어서 오던 길을 되돌아갈 수밖에 없을 때를 빼놓고는 삼백육십오일 변함이 없는 일이었다.
한 대는 점심 무렵 잠시 들러서 외지 손님을 부려놓고 가고 또 한 대는 해거름에 땅거미를 끌고 들어와서 하루를 묵고는 아침 일찍 대처大處로 일 보러 가는 어른들을 싣고 떠나갔다.

버스는 그리움이었다. 나의 그리움은 하루에 꼭 두 번씩 일었다가 사그라졌다. 버스 소리가 나면 혹여 반가운 얼굴이 차창에 비치지 않을까 기대하면서 한길의 정류장으로 내달렸다. 그러나 버스는 늘 몇 개의 낯선 그림자를 남겨놓고 부연 흙먼지를 꽁무니에 매단 채 산모퉁이를 돌아서 아쉽게 사라져버렸다.

십 리, 이십 리쯤은 으레 걸어 다녔던 시절이었다. 도회지의 친척 집에서 큰 잔치라도 있기 전에는 아이들이 버스를 탄다는 것은 언감생심 꿈도 꾸지 못하는 일이었다. 그런데 그해 여름 꿈같은 일이 일어났다.

아직도 해가 많이 남아 있던 어느 오후, 조무래기들은 가까이 붙어 서서 버스에 묻어온 도회지의 냄새를 맡으려 코를 킁킁거리고 있었다. 운전기사 아저씨는 숙소를 찾아 들어가고 대신 운전대를 물려받은 차장車掌 형이 손가락으로 출입문을 가리켰다. 차부車部에서 개울까지 겨우 3, 4분의 거리였지만 세상 어떤 여정보다 더없이 행복했다. 개울가에 내리자마자 우리 손에 손걸레 한 장씩이 쥐어졌지만 아무도 불평하는 아이는 없었다. 부끄럽게 달라붙은 시골 먼지를 닦아내는 것이 이 산골까지 달려와 준 버스에 대한 예의라도 되는 것처럼 차창에 냇물을 끼얹고 두 번 세 번 열심히 바퀴를 닦았다. 해가 짧아져 더 이상 세차를 할 수 없게 된 가을까지 우리들의 즐거운 버스 여행은 계속되었다.

초등학교 2학년을 마치고 나는 아버지의 새 근무지인 군청 소재지 학교로 전학을 했고 새로운 문화와 새 친구들의 놀이에 빠져 오래도록 그 마을을 잊고 살았다.

내가 굽이굽이 산길을 돌아서 어린 시절의 추억을 찾아갔을 때는 대청댐이 완성된 그 이듬해의 가랑비가 추적거리는 어느 봄날이었다. 바다였다. 마을도 개울도 이미 깊은 물 속으로 다 사라진 후였다. 산 중턱에 새롭게 들어선 현대식 교사校舍 어디에도 빨간 깃발은 걸려있지 않았고, 스쳐 지나가는 사람들 속에서도 옛 동무들의 얼굴을 찾을 수가 없었다.

나룻배를 타고 초조한 몇 시간을 찾아 헤맸지만, 저 깊은 심연으로 가라앉은 채 영원한 시간의 미궁 속으로 나의 소년 시절은 이미 흔적조차 사라지고 없었다.

나는 그렇게 고향을 잃어버렸다.

어둠이 스미는 거리, 내가 기다리는 버스는 아직 도착하지 않았다.

아니, 몇 번 버스가 내 마음속의 고향으로 떠나는지 안내판 어디에도 적혀 있지 않으니 나는 영원히 오지 않는 버스를 기다리며 바람 부는 거리에서 동동거릴 수밖에 없을지도 모른다.

고향은 가슴 비비지 않아도 따뜻하고 손 내밀지 않아도 항시 가득 채워지는 곳이다.

오늘 밤은 터덜거리는 그 옛날 시골 버스를 타고 고향의 냇물로 달려가는 꿈을 꾸었으면 좋겠다.

힐링 없는 삶

이른 아침, 눈에 번쩍 띄는 신문 기사를 만난다.
"자기를 킬링 해야 힐링이 된다."
킬링(killing)은 살인殺人, 힐링(healing)은 치유治癒라는 뜻이니, 자기를 죽여야 자신의 병이 낫는다는 마가摩訶 스님의 말씀이다.

언제부턴가 우리 사회에 힐링 바람이 불고 있다. 자연 속에서 몸과 마음의 건강을 회복하자고 에코힐링(eco healing)을 외친다. 아름다운 그(녀)의 목소리는 힐링 보이스(healing voice)요, 제 취향에 맞는 영화를 보고 나서는 힐링 시네마(healing cinema)라 이름을 붙인다. 급기야는 공중파 방송까지 〈힐링 캠프〉를 열어 시청자를 불러 모으고 있다.

힐링.
이 시대의 첫 번째 화두話頭이다. 만나는 사람마다 앵무새처럼 힐링을 이야기한다. 일상이 너무 팍팍해서 못 살겠다고, 힐링을 해야 한다고 한다.
걸음도 손짓도 멀쩡해 보이는데 너도나도, '남모르는 속병이 있다'고 자백을 하고 있다.

그러므로 이 도시는 그 자체로 거대한 병원인 셈이다. 의사는 어디에도 보이지 않지만, 사람들은 스스로 더블 사이즈의 푹신한 병상病床에 누워서 자가 처방을 내린다.
"힐링하러 가요."

챗바퀴 도는 일상적 생활에서 한 발짝 벗어나기만 하면 한나절의 짧은 여행에도, 집에서 먹는 음식과 별반 다를 것 없는 외식에도 힐링이라는 수식어가 따라붙는다. 그리하여 진탕 먹고 마시고는 완치가 된 것처럼 흡족한 얼굴을 하고 일상의 병실로 돌아온다.

그러나 하루, 이틀 지나고 그 특별했던 외출의 여운이 사라지고 나면 잔뜩 찌푸린 얼굴로 다시 경치 좋은 여행지를 묻고 공연 일정을 검색한다.

맑은 햇살과 바람에 취하고 아름다운 음식에 속아서 통증을 잠시 잊고 있었을 뿐, 병증病症은 차도가 없는 것이다. 만나는 사람마다 힐링, 힐링하니까 만병통치약인 줄 알고, 사이버콘드리아처럼 애초부터 처방을 잘못한 까닭이다. 병인病因을 알아야 바른 처방을 낼 수 있고, 제대로 힐링을 할 수 있다.

병의 원인은 대부분 외부 세계가 아니라 자기 자신에게 있다. 인간의 탐욕에서 마음의 병이 생겨난다. 그래서 불가佛家에서도 탐욕貪慾을 살생殺生, 투도偸盜, 망어妄語와 함께 십악十惡으로 규정하고 경계해 왔던 것이다.

적당한 욕심은 자기 발전의 순기능順機能으로 작용하지만, 탐욕 즉, 지나친 욕심은 마음에 불(火)을 일으킨다. 터무니없이 제 분수 밖의 것을 취하려다 그것을 얻지 못하니 심화心火가 나고 가슴에 화병火病이 든다. 저의 마음으로부터 말미암은 것인 줄을 모르고 사회나 타인에 대한 분노와 원망으로 잠을 이루지 못한다.

"화는 참으면 병病, 터뜨리면 죄罪가 되지만 자기가 주인이 되어 깨어 있고 알아차리면 사라진다. 세상이 구정물인 줄 알면서도 세상을 탓하지 않고 나는 그 속에서 어떻게 살아가야 할지를 고민하는 것이 주인공의 자세"라고 스님은 다시 깨우치신다.

욕심을 버리지 않는 한 우리가 앓고 있는 마음의 병은 불치
不治일 것이다. 함께 가는 이를 밀어젖혀서라도 기어이 한 걸
음 앞서고자 한다.
쓸 만큼의 넉넉한 재물이 있음에도 한 푼 더 가지려 아귀다툼
을 하는 동안은 수백 수천 번을 힐링한다 해도 치료가 불가능
할 터이다.
　"자기를 킬링 해야 힐링이 된다."
　자기 자신을 죽여야 한다. 저의 마음속에 도사리고 있는 탐
욕스러운 이기利己를 죽여 없애야 한다. '범사에 감사하라'는
성경 말씀처럼 제가 지닌 것에 만족할 줄을 알고, 물질적인
것이든 정신적인 것이든 욕심 주머니를 탈탈 털어내면 마음의
병은 스르르 사라져 버릴 것이다.
그때 우리는, 힐링이 필요 없는 마음의 평화를 얻게 될 것이
다. 그것이 진정한 힐링이다.

*사이버콘드리아(cyber-chondria)- 각종 의학 관련 웹 사이트를 통하여 부
정확한 자가 진단을 하고 잘못된 처방을 하는 환자.

김영순

버킷리스트-내 생의 전환점
소나기, 그 후
자유의 맛
첫사랑

가끔 하늘을 올려다보며 내 친구가 지나갔을 하늘길을 생각한다. 오늘 나를 힘들게 하는 이 먹구름 뒤에서 여전히 빛나고 있을 햇살에 감사하며.

버킷리스트
-내 생의 전환점

  괴팍한 성격의 불평쟁이 백인 부자와 가난한 생활 속에서 감사하며 화목한 가정을 꾸리는 흑인.
  <버킷리스트(The Bucket List, 2007)>는 말기 암으로 시한부 선고를 받은 두 사람이 남은 시간을 무엇에 쓰는가를 통해 인생을 어떻게 살아야 하는지를 생각하게 하는 영화였다.

  성공한 사업가 에드워드 콜(잭 니컬슨 분扮)은 갑자기 건강에 이상이 생겨 자신이 인수한 병원에 입원한다. 그는 영업이익을 위해 자신이 만든 '2인 1실' 정책 때문에 카터 챔버스(모건 프리먼 분扮)가 입원한 병실에 입원한다. 매사 불평이 많고 툭하면 소리 지르며 독선적인 그는 다른 사람과 병실을 같이 써야 하는 불편함과 불쾌감에 성질을 부린다.
  그러다 생존율 5%의 6개월 시한부 선고를 받고 항암치료를 시작해야 하는 상황에 부닥치자, 옆 병상의 카터에게 동료 의식을 느끼며 말 걸기를 시작한다. 그러던 중 우연히 카터의 버킷리스트를 알게 된 에드워드는 카터와 함께 병원에서 달아나 목록을 실행한다.
둘은 피라미드를 구경하고, 그랜드캐니언을 오토바이로 달리고 스카이다이빙도 하면서 어린아이와 같은 단순한 즐거움과 행복감을 느낀다.
  또한, 카터의 권유로 에드워드는 인연을 끊었던 딸을 만나

용서와 사랑을 나누면서 인생에서 진짜 중요한 것이 무엇인지 깨닫는다.

'죽기 전에 꼭 해야 할 일'이라는 뜻의 영화 제목과 암 선고를 받아 죽음을 눈앞에 둔 두 주인공의 만남이 이뤄지는 초반만 봐도 앞으로 전개될 내용의 흐름을 어느 정도 예상할 수 있을 정도로 쉽고 편한 영화였다.
그러나 영화관을 나서는 마음은 다른 때와 사뭇 달랐다. 그것은 깊은 파문을 일으킨 각성이었다.

나는 평생을 그저 주어진 상황에서 매 순간 책임감 있게 행동하며, 성실하게 땀 흘리고 정직하게 수고하는 것만이 최선이라는 삶의 방식으로 살아왔다.
학창 시절, 학생으로서의 본분에 충실하여 개근하였고 학급이나 학교의 임원으로서도 책임을 다하였다. 교대에 지원하여 합격했지만 8남매를 기르는 농부의 딸로서는 학비를 마련하기 어려운 일이라 지레 등록을 포기하였다가 오빠의 지원으로 대학생이 되었으니, 교사의 꿈을 이루기 위해 내가 도전한 것은 아닌 셈이다.
나를 좋아하는 남자와 결혼하였고, 두 딸을 낳아서도 할 수 있는 선에서 힘써 양육했다. 나의 반대에도 기어이 목사가 된 남편에게 힘닿는 데까지 지원했다. 교사로서 양심에 부끄럽지 않게 행동했고, 수업 준비를 충실히 하여 좋은 교사가 되려고 애썼다. 그러나 이 모든 과정에 내가 나를 위해 도전하거나 계획한 것은 없었다. 지금 내가 누리는 것들도 살다 보니 일어나거나 주어진 것들이다.

영화를 보고 나서야 내가 하고 싶은 것을 진지하게 생각하게 되었다. 내가 진짜 원하고, 하고 싶어서 안 하면 죽을 때 후회할지도 모를 일이 무엇인지 찾아봐야겠다고 비로소 생각하게 된 것이다.

어릴 때 포기했던 무용이 제일 먼저 떠올랐다. 초등학교 6학년 때, 무용선생님께서 학교 대표로 추천해 주셨다. 나는 무용대회에 독무로 뽑혀서 굉장히 기뻤다. 그런데 셋째 언니가 급성폐렴으로 며칠째 입원해 있는 상황이었다. 어린 마음에도 부모님이 걱정되었다. 언니 병원비도 감당하기 힘드실 텐데 무용대회 경비를 지원해달라는 말을 도저히 할 수 없었다. 나는 엄마께 말도 꺼내지 않고 지레 포기해 버렸다.

교사로 근무할 때 직접 안무하고 아이들을 지도하면서 춤에 대한 갈증을 달랬다. 하지만 어릴 적 엄마 손을 잡고 극장에 가서 여성 국극단의 공연을 보며 나도 저렇게 예쁜 옷 입고 아름답게 춤추며 노래하고 싶었던 그 설렘이 아직도 내 마음 한구석에 아쉬움으로 남아 있었다.

'춤 배우기'를 버킷리스트 1호로 결정했다. 오래전에 우연히 경인교육대학교 평생교육원의 한국무용 강좌를 알게 되어 삼 년 동안 춤을 배운 적이 있었다. 수강생 부족으로 폐강되자 아쉬워하면서 십 년이 넘는 시간을 흘려보내고 있었다.

영화를 보고 우리 춤을 배워야겠다고 생각하고 있었는데 마침 새로 전근 간 학교에서 우리 춤을 배우고 있는 선생님을 알게 됐다. 그 선생님과 함께 춤을 배우러 다니기 시작한 지 6년째이다. 매년 정기 공연을 하고 있고 작은 공연도 많이 했다.

그동안 하던 것처럼, 흘러가는 대로 따라가다 보니 일어난 일이 아니고, 내 욕구를 따라 의지를 갖고 시작한 첫 도전이었다.

무용을 배우다 보니 꿈도 꾸지 못한 일이 현실로 일어났다. 작년에 교직에서 퇴임하면서 퇴임 기념으로 개인 공연을 무대에 올리게 되었다.
남편과 두 딸, 사위와 손주는 물론 친정 쪽 여덟 형제 부부와 조카들, 학교와 교회와 사회에서 알게 된 지인들, 그리고 40년 전의 첫 제자들부터 마지막 제자들까지 참으로 많은 사람이 와서 축하해주었다.

어릴 적 보았던 여성 국극단의 선화공주처럼, 무대에 올라 화려한 조명 아래 꿈을 꾸듯 춤을 추었다. 긴장도 되고 부족함도 많았지만 춤이 하나씩 끝날 때마다 휘파람 소리와 함성이 따라붙은 박수 소리가 우렁찼다.

평생 살아온 터를 떠나 60이 넘은 나이에 하고 싶은 꿈을 이루어내는 나에 대한 격려와 칭찬으로 들렸다. '해야겠다고 맘을 먹으니 이렇게 버킷리스트가 이루어지는구나!' 하는 생각에 감격스러웠다.

한국무용을 배우다 보니 선교 무용도 배우고 싶다는 소망이 생겼고, 선교단에 소속되어 해외 선교 공연도 다녀왔다.

춤 배우기 다음으로 하고 싶은 일은 해외 봉사활동이다.
몇 년 전에 코이카KOICA를 통해 해외 봉사활동을 다녀온 조카의 이야기를 들으면서 나도 도전하고 싶은 욕심이 생겼었다. 하지만 직장에 묶여있는 나로서는 불가능한 일이었다.

방법은 직장을 그만두는 것뿐인데, 가정의 경제를 책임지고 있는 자리에서는 현실적으로 어려운 일이었다.

나는 어릴 적부터 약한 쪽으로 마음이 끌려, 공부를 잘하지 못하거나 가난한 친구를 가까이 대해주었다. 폐휴지를 가득 실은 수레에 매달리다시피 하여 끌고 가는 할머니를 보면 가슴이 아팠다.

돌봐주는 사람이 없이 홀로 힘겹게 살아가는 길고양이나 강아지를 보면 가방을 뒤져 간식거리를 찾게 된다. 횡단보도를 절룩거리며 힘겹게 건너는 노인분을 보면 신호 대기 중인 차 안에 앉아 지켜만 보는 게 죄송스러워지기도 한다. 그런 내가 가난한 나라로의 봉사활동에 끌리는 건 당연하였다. 우리나라의 60년대와 비슷한 생활 수준이라면 내가 어릴 적에 살았던 환경과 비슷할 터이니, 그때 우리가 받은 국가적 혜택을 나도 베풀고 싶었다.

많은 고민과 숙고의 시간을 보낸 후 결국 두 번째 버킷리스트를 이루기 위해 정년을 3년 남겨놓고 명예퇴직했다. 봉사활동도 교육과 관련 있는 한국어 교사로 정하고, 학점은행에 등록하여 한국어 공부를 시작했다.

이제 모든 과정을 마치고 한국어 교원 자격증 발급만을 기다리고 있으니 이르면 올 하반기에도 해외 봉사활동을 신청할 수 있게 되었다.

하나, 둘 버킷리스트를 이루어나가는 기쁨 못지않게 놀라운 변화는 바로 나의 내면을 자세히 살펴보게 되었다는 것이다.

이제는 일상생활 속에서 작은 버킷리스트를 만들고 실행하게 된다. 가족이 아니라 내가 먹고 싶은 반찬을 준비해서 상을 차리기도 하고, 집안일을 남편과 분담하여 쉬는 시간을 만들며 '나를 돌보기'를 한다. 사양해도 남편이 굳이 챙겨다 주는 커피와 간식을 침대에 누워서 받아 들며 '상대방의 호의를 부담 없이 받아들이기' 연습도 한다. 친정 자매들과 가벼운 여행을 떠나거나 혼자 사는 친구 집에서 밤새 수다를 떨기도 한다.

나는 교직을 천직으로 여겼고, 평생 학교에서 아이들을 가르치면서 행복했다. 아이들을 만나면 힘이 났고, 선한 영향력이 아이들에게 미치는 게 느껴질 때면 감사와 기쁨으로 하늘을 나는 듯했다.

그러나 영화 <버킷리스트>는 제2의 인생은 사회적으로 하고 싶은 일이 아닌 개인적으로 하고 싶은 일로 준비해야 한다고 내게 알려주었고, 그 인도를 따라 나의 욕구를 읽어내 삶의 전환을 꾀하게 해주었다.

젊은 시절에는 유동성 지능이 발달하여 새로운 상황에도 빠르게 적응하고 문제가 발생해도 창의적으로 빨리 해결하면서 직업 현장에서나 삶에 자신감이 높았었다.

하지만 어느 순간 지적 순발력이 둔해지고 새로운 정보를 접하거나 받아들이는 능력이 떨어지는 것을 느끼며 노후 생활에 대해 막연한 두려움이 생겼었다. 그즈음에 나의 '버킷리스트'를 생각하게 되었고, 그것은 내 삶의 나침반을 나에게로 움직여 삶을 더욱 만족스럽게 채워주고 있다.

나의 버킷리스트는 개인의 만족을 우선한 후 사회로 확산하는 방향으로 세워지고 있다. 무용을 배우고 싶다는 꿈을 실행하다 보니 선교 무용으로 해외에 나가 우리 춤을 알리게 되었다.

교직의 경험을 살려 한국어 교사로 해외 봉사활동에 지원할 수 있게 된 것 모두 60여 년 사는 동안 지식과 경험으로 높아진 결정성 지능을 발휘하여 이뤄낸 것이다.

 버킷리스트를 계속 만들며 내 삶을 나누고, 문제를 통합적으로 볼 줄 아는 지혜로 채워나갈 노년의 인생이 얼마나 충만할지 설레고 기대가 된다.

소나기, 그 후

 그날 밤, 소년은 자리에 누워서도 같은 생각뿐이었다. 내일 소녀네가 이사하는 걸 가보나 어쩌나. 가면 소녀를 보게 될까 어떨까.
그러다가 까무룩 잠이 들었는가 하는데,
 "허, 참 세상일도……."
마을 갔던 아버지가 언제 돌아왔는지,
 "윤 초시 댁도 말이 아니야. 그 많던 전답을 다 팔아 버리고, 대대로 살아오던 집마저 남의 손에 넘기더니, 또 악상까지 당하는 걸 보면……."
남폿불 밑에서 바느질감을 안고 있던 어머니가,
 "증손(曾孫)이라곤 계집애 그 애 하나뿐이었지요?"
 "그렇지, 사내 애 둘 있던 건 어려서 잃어버리고……."
 "어쩌면 그렇게 자식 복이 없을까."
 "글쎄 말이지. 이번 앤 꽤 여러 날 앓는 걸 약도 변변히 못써 봤다더군. 지금 같아서 윤 초시 네도 대가 끊긴 셈이지……. 그런데 참, 이번 계집앤 어린 것이 여간 잔망스럽지가 않아. 글쎄, 죽기 전에 이런 말을 했다지 않아? 자기가 죽거든 자기 입던 옷을 꼭 그대로 입혀서 묻어 달라고……."

 학창 시절 국어 교과서에서 황순원의 '소나기'를 읽었을 때 나는 Y를 생각했다.

4학년 첫날, 기대에 부풀어 3월 초의 쌀쌀함도 느끼지 못하며 학교에 갔다. 교실 뒷문을 열고 아는 친구에게 반갑게 손을 흔들며 다가가는데, 한 아이가 눈에 들어왔다. 가르마를 탄 머리에 희고 깨끗한 얼굴, 깃 달린 셔츠에 도회적인 표정. 가슴이 콩닥거렸다.
 반장이 된 '윤서는 공부도 잘했고, 책을 좋아했다. 남자들이 운동장에서 여자애들의 고무줄을 끊고 달아날 때도 윤서는 교실에 꼿꼿하게 앉아 책을 읽고 있었다. 여자들에게 때론 상스러운 욕설까지 뱉어대는 남자들과 달리 윤서는 여자들과의 말다툼에서도 졌다. 그 애가 하는 욕은 "요 계집애!" 한 가지였다. 우리가 흔히 쓰는 '기집애', '가시내'도 아닌 '계집애'는 우리에게 욕은커녕 되레 놀림감이 되곤 했다. 그래서 나뿐만 아니라 우리 반 여자애들은 윤서를 좋아했다.
 아이들은 윤서네 엄마가 마귀할멈이라고 했다. 시험 기간이면 졸지 못하게 얼굴 앞에 가시 돋친 선인장을 놓고 공부시킨다는 것이다. 윤서의 유순한 성격을 보면 엄마가 시키는 대로 잘 따를 것 같기는 했지만, 거짓말 같았다.
하얀 한복을 입고 학교에 오신 윤서네 엄마를 먼발치에서 한 번 본 적이 있다. 나는 그분이 학처럼 고고하다고 느꼈었다. 그런 분이 마귀할멈이라니 상상이 안 되었다.

 당시에는 '고전 읽기 대회'가 있었다. 선발된 아이들이 방과 후에 담당 선생님 교실에 모여 정해진 고전 도서를 읽고 학교 대표로 대회에 나가 시험을 보는 활동이었다. 우리 반 대표로 뽑힌 윤서와 나는 수업이 끝나면 고전 읽기 교실로 갔다.

집으로 돌아가는 여자아이들의 부러운 시선이 뒤통수에서 느껴질 때면 나는 짐짓 새침한 표정으로 기쁨을 숨겼다.
 어느 날 독서 활동을 마치고 집에 가려는데 운동화 한 짝이 없어졌다. 윤서와 함께 교실 구석구석을 뒤져보고 옆 반 신발장도 훑어보며 복도 저 끝까지 한참을 찾아다녔다. 적막한 복도에서 울먹거리는 나를 난감한 표정으로 바라보던 윤서가 작은 목소리로 웅얼거렸다.
 "엄마가 기다리셔서 난 이제 가야 하는데…."
 "네가 가면 나 혼자 어떻게 해?"
말도 제대로 하지 못하며 눈물을 터뜨린 나만큼 그 애도 어쩔 줄 몰라 했다. 그러더니 주섬주섬 제 신발을 벗어 주는 것이 아닌가. 없어진 건 내 신발이니 가더라도 내가 맨발로 가야 한다며 고집스럽게 신발을 받지 않았다.
 차마 혼자는 못 가겠는지 윤서는 다시 신발을 찾기 시작했다. 사위가 꽤 어둑해졌을 때, 드디어 신발을 발견했다. 본관과 후관을 연결하는 회랑 지붕 위에 던져져 있었다. 짓궂은 누군가가 일부러 던져놓은 거 같았다. 지붕은 우리가 도무지 닿을 수 없을 만큼 높았다. 주변에 도움을 청할 아무도 보이지 않았다. 돌을 주워 던지기도 하고 긴 막대기를 들고 흔들어 봐도 신발에 닿기에는 턱없이 부족했다. 회랑기둥을 타고 지붕 가까이 올라가 나무막대기로 끌어내리면 될 거 같았지만 둘 다 겁이 많았다.
 회랑 위에 덩그러니 놓인 운동화를 올려다보며 한숨을 쉬고 있는데 갑자기 윤서가 난간 위로 올라가기 시작했다. 나는 두 손을 꽉 쥐고 숨도 쉬지 못하며 지켜보았다. 두 팔로 기둥을 꽉 끌어안고 두 발로 기둥을 밀며 몸을 밀어 올리려고 용을 쓰지만 계속 미끄러졌다.

한참 동안 헛발질을 하던 윤서가 드디어 손발의 호흡을 맞추며 조금씩 위로 올라가기 시작했다. 나는 마음을 졸이며 지켜보았다. 드디어 윤서의 손이 지붕에 닿게 되자 나는 까치발로 막대기를 건네주었다. 막대기를 이리저리 저어대다 드디어 신발이 땅바닥에 떨어졌을 때 나도 모르게 환호성이 터져 나왔다. 난간에 서서 폴짝폴짝 뛰면서 좋아하는 나를 빙긋이 웃으며 내려다보던 윤서. 여자애한테 말싸움도 지는 샌님 같던 그가 그렇게나 미더울 수가 없었다.

6학년 어느 날 윤서가 전학 갔다. 집은 이사하지 않고 윤서만 서울 이모 집에서 학교에 다닌다고 했다. 중학생이 되어 국어 시간에 <소나기>를 읽다 보니 그 애와의 추억이 생각났다. 만날 수는 없어도 서울에서 공부하는 만큼 나보다 실력도 월등하고 한 차원 높은 꿈을 키우며 훌륭하게 자라고 있으리라. 윤서를 향한 나의 응원으로 나의 <소나기>는 끝인 줄 알았다.

대학 입학이 결정된 고3 겨울방학, 친구 집에 놀러 갔다가 윤서가 집에 왔다는 소식을 들었다. 사춘기 시절에 보내지 못한 편지를 여러 통 썼던, 풋사과 같은 설렘으로 그리워했던 그 아이가 얼마나 근사하고 멋있게 변했는지 보고 싶었다. 어느 대학에서 무엇을 공부하려는지도 궁금했다.

대나무 숲으로 둘러싸인 윤서네 집에 갔다. 초등학생이었던 우리가 대학생이 되어 만나니 생경하지 않을까 걱정도 되었다. 내가 교육대학에 진학했다고 하자 어린 시절 모습을 떠올려보면 교직이 잘 어울린다며 축하해주고 자기는 J 대학에 진학했다고 했다.

순간 귀를 의심했다. 어릴 적에 공부를 잘했고 서울로 유학해서 당연히 서울에 있는 일류대학에 진학했을 거로 생각했었다.

무슨 사연이 있는 걸까? 그때 외출했던 그의 동생이 방에 들어왔다. "너는 고3이 되는데 놀러만 다니냐? 나는 J 대라도 갔지, 너같이 공부 안 하면 갈 데가 없어!" 한 단어가 내 귓속 깊이 박혔다. 'J대라도?'

J 대학교는 우리 고장에서 가장 실력 있는 국립대학이다. 하지만 수도 서울에서 큰 꿈을 키우리라 기대했던 윤서가 J 대학교로 만족해하는 모습은 굉장히 실망스러웠다. 나는 속상한 마음에 서둘러 나와버렸다.

학교 가는 버스에서 마주쳤을 때 나는 눈인사만 하고 멀찌감치 앉았다. "나는 J대밖에 못 갔지만 너는 더 좋은 대학에 가야!"라며 J대를 우습게 여길만한 수준을 보여주지 못한 그를 보고 싶지 않았다.

마흔 살이 넘어 초등학교 동창회를 준비하면서 윤서의 소식을 들었다. 비행기 조종사가 되었다고 했다. 이십여 년 전의 윤서 모습이 떠올라 씁쓸했다. 전공과 상관없는 비행기 조종사가 되었다고? 제 실력으로는 공군사관학교 진학을 못 하고 돈 많고 학벌 좋은 아버지 덕에 비행기 조종사가 된 것인가? 제 능력과 상관없이 부모덕에 좋은 직업과 환경을 누리며 사는 것 같아 더 실망스러웠다.

친구들은 윤서를 보고 싶어 하면서, 내게 데리고 오는 책임을 맡겼다. 다시 만난 윤서는 어릴 적의 부드러운 얼굴선이 남아 있으면서도 스무 살에 보았던 무른 표정은 보이지 않았다.

눈매는 날카로워도 너그러운 인상이었다. 그는 파일럿이 된 과정을 이야기했다.

"난 비행기 조종사가 되고 싶었어. 서울로 전학한 뒤 방학 때 시골집에 오면 할 일이 없어서 아버지가 대학 때 읽던 책을 다락에서 꺼내 읽으면서 하늘을 날아 세계 여러 곳에 가고 싶었어. 부모님께 공군사관학교로 진학하겠다고 말씀드렸더니 종손인 나에게 위험한 일이 생기면 안 된다며 아버지가 강하게 반대하셨고, 나중엔 종중 어른들까지 나서서 말리셨지. 아버지의 반대에 맞서 아예 대학 진학을 포기하겠다며 원서도 안 내고 고집을 부렸어. 원서 마감일이 되자 아버지가 직접 J대 불어과에 원서를 내셔서 결국 J대에 다니게 됐던 거야. 아버지는 내가 파일럿이 안 돼도 불어를 공부해서 외국으로 출장을 다니다 보면 내 마음이 풀릴 거로 생각하셨나 봐.

어릴 적에 부모님과 친구들을 떠나 서울 이모 집에서 학교 다니면서 이방인처럼 뿌리를 내리지 못한 채 외롭게 지냈어. 그래도 비행기 조종사의 꿈이 있어서 열심히 공부했지. 그러다 사관학교 진학이 막혀버리니 공부할 맘도 사라지더라.

처음엔 J대에 억지로 다니면서 참 힘들었어. 그런데 고향으로 돌아와 만난 대학 친구들은 다들 좋은 사람들이었어. 내게도 친구가 생기고 학교생활도 즐겁고 만족스러웠지. 내가 가장 행복하고 즐거웠던 때는 대학 시절이야. 졸업 후 프랑스회사에서 직장 생활을 했는데, 남들은 부러워하는 직장이었지만 나는 행복하지가 않은 거야. 시간이 지나도 내 꿈을 버리지 못하겠더라고.

30대 초반 때 아버지가 돌아가셨어. 나는 파일럿이 되겠다고 어머니께 다시 말씀을 드렸어. 어머니의 반대에 단식으로 맞섰지.

보름이 넘어가니 장남이 죽을까 봐 어머니께서 포기하셨어. 미국에 있는 항공 대학에 들어갔어. 미국에서 공부를 마칠 즈음 마침 우리나라에 A 항공사가 생기면서 어렵지 않게 취업할 수 있었던 거야. 운이 좋았지!"

담담하게 풀어놓는 윤서의 이야기를 들으며 내 마음속에서 불신의 구름이 걷히고 밝은 햇살이 퍼졌다. 그럼 그렇지, 내 기대가 맞았던 거야.

여리고 순한 성품이지만 어릴 적 꿈을 기어이 이루어 낼 만한 의지와 단단함이 있다는 걸 나는 알고 있었어! 떡잎 때부터 그를 알아보고 응원했던 나 스스로에 대한 자부심까지 느껴졌다. 젊은 시절, 말 한마디에 나약하고 꿈이 없는 아이라고 오해하여 크게 실망했던 일이 무척 미안했다.

가끔 하늘을 올려다보며 내 친구가 지나갔을 하늘길을 생각한다. 구름이 가득해도 그 위에는 여전히 햇살이 눈 부신 그 길. 눈에 보이는 게 전부가 아니라는 것을 알게 해 준 친구와의 추억을 떠올리며 하늘을 향해 미소 한 모금 띄워 보낸다. 오늘 나를 힘들게 하는 이 먹구름 뒤에도 여전히 빛나고 있을 햇살에 감사하며.

자유의 맛

"와! 3월의 아침 햇살이 이렇게나 달콤하다니."
3월, 첫 주 목요일, 오전 11시 30분.
원종사거리 횡단보도를 건넌다.

 새 학년을 시작하는 3월이면 정신없이 바빴다. 처음 만난 우리 반 아이들 개개인의 지적 수준과 능력, 가족관계와 신체적 질병 등 교육 활동 시 주의해야 할 특이 사항과 교우 관계를 파악해야 했다.
 학급 규칙을 정하고 수업 방식 훈련, 모둠 활동 안내 등 일 년 동안 살아갈 학교생활의 기틀도 잡아야 했다. 일 년 동안 교육할 내용과 학사일정을 짜느라 눈에 핏발이 서기도 했다.
 출근길 운전 중에 학부모에게서 온 메시지에 급히 답글을 쓰다가 위험한 상황에 맞닥뜨리거나 뒤차의 경적에 놀랄 때도 많았다. 쉬는 시간에도 아이들 생활지도를 하다 결국 수업 도중 터질 것 같은 아랫배를 잡고 화장실로 뛰기도 했다. 급식을 엎지르거나 토한 아이의 뒤처리를 하고 나면 비위가 상해 더는 먹지 못할 때도 많았다.
 수업이 끝난 후에는 아침부터 재촉 받으면서도 수업 끝날 때까지 미뤄놓은 업무와 공문을 처리하며, 수업 끝나면 전화를 달라는 학부모와 상담을 진행했다. 학교 행사 준비와 쏟아지는 연수, 학습 준비물 신청과 교육과정 관련 업무 등 학년 초 일을 처리하다 보면 정시에 퇴근하지 못할 때가 허다했다. 초등학교 교사로 살아온 39년 동안 나의 3월은 언제나 그랬다.

하지만 이번 3월은 다르다.

오랜 습관으로 이른 시간에 저절로 눈이 떠진다. 출근 준비를 해야 할 시간이다. 머릿속에서 1교시 시작 종소리가 들린다. 이불을 끌어 올린다. 이젠 퇴직했으니 아직 더 누워있어도 괜찮다며 불안한 마음을 다독인다.

늦잠의 불안이 조금은 무뎌진 퇴직 후 나흘째 날, 목요일.

10시 개장 시간을 기다려 남편과 원종사거리에 있는 잡화점 다이소에 간다. 평일 아침에 자유롭게 돌아다닐 수 있다는 사실이 신기하고 기분 좋아 남편 손을 잡고 경쾌하게 흔들며 걷는다. 10분 거리에 있는 다이소지만 처음 간다.

그동안 필요한 물건들을 어떻게 채워 넣었는지 모르겠다. 전문 주부로 살림을 하려고 보니 필요한 물건이 상당히 많다. 평소에는 꼭 필요한 물건만 급하게 사 들고 나오는데 오늘은 3층과 4층을 천천히 훑어보며 앞으로 필요할 물건들까지 주섬주섬 담는다.

돌아오는 길, 내가 좋아하는 커피숍이 보인다. 이제는 모닝커피도 먹을 수 있게 됐다며 호기롭게 들어가 커피와 샌드위치를 주문한다. 메뉴판 가격표보다 금액이 적게 결제되었다. 직원에게 물어보니 오전 11시까지는 할인해 준단다. 와! 커피도 조조할인이 있을 줄이야. 몇백 원 할인된 평일 브런치를 날아갈 듯 기분 좋게 먹고 나오니 11시 30분이다. 3월의 아침 공기가 이렇게 상쾌하고 달콤했었어? 교실 형광등 불빛을 벗어나 거리에서 여유롭게 만난 3월의 햇살은 또 얼마나 눈부시게 반짝이는지! 39년 만에 처음 만나는 학교 밖 3월 햇살!

자유롭고 여유롭게 바뀐 생활 방식으로 몸까지 변했다. 몸의 신호에 언제든 응해주니 변비 증세도 사라져 아침을 편하게 시작한다. 밥 먹은 자리에서 천천히 커피 향까지 음미하고 일어선다.

그릇이 깨질 듯이 급하게 설거지하다 다치는 경우도 이젠 없다. 몸살이 왔을 때 약 먹고 따뜻한 이불 속에서 쉬어주니 하루 만에 거뜬해진다. 졸음과 맞서 싸우지 않고 낮에도 졸리면 누우니 피로가 쌓이지 않는다. 강아지들과 많이 놀아주며 한껏 웃는다. 집안일도 느긋하고 꼼꼼하게 한다. 다음 날 출근 걱정이 없으니 자정이 넘어도 보던 영화를 끝까지 보고, 잠들 때까지 책을 마저 읽고 편히 잔다. 도서관에서 빌려온 책을 다 읽지 못하고 반납하는 일도 줄고 있다.

 내가 운명으로 선택한 교사 생활은 적성에 잘 맞았고, 자긍심과 보람도 컸다. 아이들과의 하루하루는 행복이었고 삶의 활력이었다. 하지만 그 일에서 벗어나 얻은 이 자유는 예상했던 것보다 훨씬 더 만족스럽다. 내가 필요한 시간에 원하는 장소에서 하고 싶은 일을 편하게 할 수 있는 여유로움!

 자유, 그 솜사탕처럼 달콤하고 홀가분한 맛을 폐부 깊숙이 들이마신다.

첫사랑

 올해도 어김없이 스승의 날 선물이 도착했다. 코흘리개였던 첫 제자들이 마흔을 훌쩍 넘겨 중년이 되어서도 여전히 나를 기억해 주는 그 마음이 참으로 고맙다.
 파주에 있는 시골 학교로 첫 발령을 받았다. 전교생이 89명인 직천국민학교에서 3학년 열일곱 명의 담임을 맡았다. 되돌아보면 서툴고 부족함 많은 새내기 교사였지만, 열정이 뜨거웠던 당시엔 내가 굉장히 좋은 선생님이라고 생각했다.
 법원리에서 의정부행 버스를 타고 산길로 올라가다 고갯마루에서 내려 북쪽으로 언덕을 오르면 저 아래 논길 끝에 지하철 공사 현장사무소 같은 학교가 보였다. 직천리에 있던 학교가 훈련장으로 바뀌면서 이곳으로 임시 건물을 지어 옮겨왔다고 했다. 학교 아래에 있는 사택舍宅 방 한 칸에서 삼 년을 살았다. 여름엔 달구어진 지붕에서 쏟아붓는 열로 찜질방이 되었고, 겨울엔 방에 연탄난로를 피워도 코가 시려 이불을 머리 끝까지 덮어써야 하는 그런 방이었다.
 파주에 살아 보고 알았다. 산동네에서는 해를 볼 수 없다는 것을. 사방이 높으니까 해가 뜨는 모습도 지는 모습도 산에 가려 볼 수 없고, 중천에 걸린 대낮의 해는 너무 눈이 부셔서 맨눈으로 볼 수 없다.
도시에선 아직 낮일 때도 그곳에서는 산 그림자에 가려 사위가 어둑했다. 호남평야, 지평선이 아득한 그 너른 들판에서 살다가 둘레가 온통 언덕으로 둘러싸인 산동네에서 살게 되니 가슴이 답답해서 숨을 크게 몰아쉬곤 했다.

교실 창문에서는 운동장을 지나 논두렁길 끝 언덕 너머에 있는 조각하늘을 볼 수 있어 수업 중에도 틈만 나면 창문 쪽에 붙곤 하였다.

외로움이 버거웠다. 문 따고 썰렁한 빈방에 들어가 스위치에 손을 얹고 불을 켜는 그 순간이 난 제일 싫었다! 아무도 없는 밝음을 확인하기 싫어서 손을 얹고 한참 동안 머뭇거리고는 했다. 맞아주는 사람도 올 사람도 없는 좁은 방에서 나는 세상에서 잊혀지는 존재가 되고 있다는 두려움을 느꼈다. 오죽하면 근처에 훈련 나온 군인들을 보면서 '그래도 당신들은 자면서 뒤척일 때 발에 걸리는 동료들이라도 있지, 난 그런 동료도 없어요.' 하며 부러워했다.

그런 환경 속에서도 아이들과 함께하는 시간은 화사했다. 햇살 따스운 봄날 오후, 가까이 사는 여자아이들과 학교 뒷산에 올랐다. 선생님이랑 같이 놀러 간다는 즐거움에 아이들은 깨금발로 앞서거니 뒤서거니 하며 내 주위를 돌았다. 농촌이지만 읍내에서 자라 진달래, 개나리와 쑥 정도만 아는 내게 이것은 원추리나물, 이것은 씀바귀, 이것은 냉이 하면서 내 눈에는 비슷비슷하게 보이는 풀의 이름을 알려주었다. 내가 모른다고 할수록 더욱 신나 하는 모습이 재미있어서 나는 진달래꽃도 모른다고 대답하며 아이들과 깔깔댔다.

아이들의 잘난 척이 끝나면 내가 춤을 가르쳐주었다. 처음엔 우리 춤 동작을 우아하게 춤추면 아이들은 탄성을 지르며 수줍게 따라 했다. 그러다가 나중엔 팔다리를 휘젓고 온몸을 비틀면서 사정없이 막춤을 추었다.

그러다 누구랄 것도 없이 뛰고 뒤쫓기를 하며 잡기 놀이를 하다 숨이 차오르면 차례대로 풀밭에 누웠다. 아이들과 헐떡이며 누워 바라본 하늘은 얼마나 아름다웠던지. 생각나는 대로 악을 쓰며 노래를 불러댔다. 풀 향기와 바람 향기, 아이들의 웃음 향기가 노랫소리보다 더 진했다.

한 번은 점심시간에 사택 방에서 점심을 먹고 있는데 우리 반 여자아이들이 옆집 뒷문으로 우르르 몰려와 법석을 떨었다.

"선생님, 선생님네 집 문 앞에 뱀 있어요. 오빠들이 선생님 놀래주려고 죽은 뱀을 잡아다 놨어요. 어떡해요?"

현관문 앞에 뱀이 놓여있다는 말에 소름이 오싹 돋으며 손발이 떨렸다. 에덴동산에서 하와를 꾀어 죄를 짓게 한 것에 대한 거부감도 있지만, 나는 뱀에 대한 혐오감이 워낙 강해서 그림이나 사진만 봐도 소름이 돋을 정도였다. 남자아이들은 여자 선생님이 놀라서 수선 떠는 걸 기대하고 장난을 시작했을 텐데, 만약 내가 그들이 원하는 반응을 보이면 비슷한 장난이 계속될 것 같아 어떻게든 이 상황을 극복해야 한다고 생각했다.

아이들에게 뱀이 문 앞 어디쯤 있는지 위치를 자세히 묻고는 머릿속으로 내가 걸어갈 동선을 그려봤다. 그리고는 용감하게 현관문을 열었다. 순간, 담 밖에서 후다닥 펼쳐진 갑작스러운 고요함이라니.

담 뒤에 숨기도 하고 담 밖 나무 뒤에 자리한 호기심과 장난기 가득한 눈들이 처녀 선생님의 호들갑스러운 비명을 기대하며 숨 막히는 고요함으로 팽팽해졌다. 난 고개를 치켜들고 앞으로 자연스럽게 걸어 나갔다. 고개를 숙였다가는 혹시라도 뱀을 보게 될까 봐 시선을 위로 둘 수밖에 없었지만, 오히려 그런 내 모습이 아이들에겐 당당하게 비쳤을 거다.

뱀 근처를 지나간다는 사실만으로도 오싹했고, 혹시라도 뱀을 밟거나 스치기라도 할까 봐 다리가 후들거렸지만 아무렇지도 않은 듯 당당하게 걸어갔다.

순간, "우와!" 하는 숨죽인 탄성! 나는 그렇게 남자아이들의 기를 꺾었고, 다시는 그런 장난이 없었으니 얼마나 다행인가!

직천리에서 오는 아이들은 일곱 시 반도 안 되어 학교에 도착했다. 4㎞가 넘는 거리를 걸어오느라 여섯 시면 집에서 나선다고 했다. 사택을 지나 학교로 들어가는 그 아이들의 시끄러운 소리를 이불 속에서 듣곤 했다. 새소리도 맑고 햇살도 밝지만, 아이들의 재잘대는 소리는 그보다 더 밝았다.

높은 톤의 정자, 장난기 가득한 선보, 빠르고 날카로운 규형, 목소리까지 닮은 쌍둥이 현진과 회진 등 목소리의 주인까지 알아내며 주고받는 이야기를 듣다 보면 많은 정보를 얻을 수 있었다.

수업 시간, 이불 속에서 들은 얘기를 살짝 꺼냈다.

"이 글의 주인공이 새끼강아지를 낳은 일에 대해 일기를 쓴 것처럼, 규형이도 어젯밤에 여덟 마리 새끼강아지를 낳은 일에 대해 일기를 쓰면 좋겠네?"

"어? 선생님이 그걸 어떻게 아세요?"

규형이는 놀라 커다란 눈이 더 커졌다.

"친구와 싸운 후에 먼저 사과하는 사람이 진짜 용기 있는 사람이야. 어제 집에 가는 길에 동연이와 정숙이가 싸웠는데 누가 먼저 사과하는지, 과연 누가 더 용기 있는 사람인지 봐야겠다."

아이들은 눈을 휘둥그레 뜨며 '선생님이 어떻게 알았지?'

하며 쑤군거리곤 했다.
"귀신은 속여도 선생님은 못 속이지요!"
순진한 아이들에게 나는 귀신보다 더 영험한 선생님이었다.

어느 여름날, 저녁 식사를 준비하는데 밖에서 남자아이들이 부르는 소리가 들렸다. 문을 열고 보니 남자애 서너 명이 옷이 젖은 채 하얀 이를 드러내고 서 있었다. 자열이가 손에 든 통을 내밀었다. 수업 시간에 물고기를 공부하다 내가 매운탕을 좋아한다고 말한 것이 발단이었다. 학교가 끝나자 남자애들이 선생님 매운탕 해드리겠다고 동네 연못에 가서 붕어를 잡아 온 것이다. 선생님이 좋아하는 걸 줄 수 있다는 생각에 그저 좋아서….
"난 살아있는 물고기를 못 죽이는데…."
내 말에 규형이는 특유의 코웃음을 날리며 붕어 배를 따주었다. 선생님이 못하는 걸 자신은 할 수 있다는 자랑스러움이 온몸에서 뿜어져 나왔다. 손가락만 한 붕어 네댓 마리에 고추장을 듬뿍 풀어 끓인 비린내도 안 나던 매운탕 맛이 40년이 지난 지금도 생생하다.
시골 학교의 운동회는 동네잔치이고, 운동회의 꽃은 무용이다. 춤을 좋아하는 난 운동회 무용 지도에 자신이 있었다.
그러나 2학년부터 6학년까지 여학생을 다 모아도 50명이 안 되는 현실에서 운동회 단체 무용은 불가능했다. 나는 아예 무대 작품을 짰다. 훌라후프를 들고 체조 무용을 가르쳤다. 매스 게임의 웅장함이나 질서정연한 아름다움은 포기하고 운동장을 극장 무대처럼 활용하여 작품을 구상했다. 인터넷이나 유튜브가 없던 시절이라 주말이면 종로 교보문고에 가서 무용 관련 서적을 뒤적이며 동작을 적고 대형을 구상했다. 학생 수가 적어 비가와도 교실에서 연습할 수 있는 점은 참 편리했다.
　부채춤은 대형변화와 물결이나 꽃 등 표현해야 할 동작이 많아 더 많은 인원이 필요했다. 1학년 똑똑한 아이 두어 명까지 더해 언니들과 부채춤을 가르쳤다. 고학년 아이들과 같은 춤을 추려니 저학년 아이들은 힘들었지만, 적은 인원이라 개인별 능력을 고려하여 대형변화나 동작을 짤 수 있어서 멋진 작품을 공연할 수 있었다. 자신들이 얼마나 수준 높은 작품을 멋지게 공연했었는지 정작 본인들은 모를 것이다.
　남자들도 2학년부터 기마전에 참여했는데, 연습 도중 규형이가 떨어져 팔을 다치는 사고가 있었다. 대충 붕대로 감싸고 급하게 택시를 불러 읍내에 있는 병원에 데려갔다. 택시 안에서 규형이는 눈물을 찔끔거리면서도 의젓하게 잘 참아냈다.
　병원에 도착하여 의사가 상처를 살펴볼 때 실눈으로 훔쳐보니 상당히 많이 벌어져 빨간 속살이 드러나 있었다. 핏빛 속살을 보기만 했는데도 등줄기가 서늘하여 질끈 눈을 감았다. 꿰매기 위해 마취 주사를 놓는데 규형이가 너무 아파 소리를 지르며 몸을 뒤틀어댔다. 보기만 하는 나도 겁이 나는데 아이는 얼마나 무서웠을지. 그래도 차분하게 치료를 받아야 한다는 생각에 달래 봤지만 쉽지 않았다. 나는 "자꾸 울면 선생님한테 혼날 거야."라고 말했다. 그러자 규형이는 팔을 똑바로 놓고는 신음을 흘리며 참아냈다. 설마 찢어진 생살에 놓는 마취 주사보다 담임선생님한테 혼나는 게 더 무서웠던 건 아니었겠지?
　그런데 정작 혼난 사람은 나였다. 의사 선생님께서 나더러 밖에 나가 있으라고 한 것이다. 눈에 핏발이 서도록 이를 악물며 참고 있는 규형이 얼굴을 돌려 안고 울고 있는 나한테

"선생님이 애보다 더 울면 어떡하냐?"고 혼내시면서….

내가 직천 학교를 떠난 지 15년 되던 해, 아이러브스쿨 앱을 통해 이십 대 중반이 된 그 아이들을 만난 적이 있다. 제자들을 만나러 가면서 생뚱맞은 생각을 했다. '인생의 꽃다운 시기인 그 아이들이 과연 얼마만큼 꾸몄을까?'였다. 커피숍에 들어서자 우루루 일어나며 반갑게 맞아주는 그 아이들을 보면서 난 감당하기 힘들 정도로 감동했다. 앉자마자 내가 얘기했다.

"어쩜 너희들은 진하게 화장한 사람이나 귀를 뚫은 사람이나 요란한 색깔로 염색한 사람이 한 명도 없니?"
아이들이 연습이라도 한 것처럼 동시에 외쳤다.

"선생님께서 그렇게 가르치셨잖아요!"
목소리 큰 현진이가 부연 설명했다.

"내면이 부족한 사람이 외모를 꾸미는 거라면서 우리에게 외모보다 내면을 아름답게 가꾸고 채우라고 하셨잖아요. 어릴 적에 선생님이 강조했던 말이라 염색을 하려다가도 다시 생각하게 되더라고요."
아이들은 80년대 젊은 여교사의 가르침을 그만큼이나 기억하고 있었다.

십여 년 전 '교육청 스승 찾기'를 통해 다시 만난 그 아이들은 해마다 잊지 않고 선물을 보내온다. 나도 작은 선물로 답례를 한다. 엄마의 초등학교 스승님이 보내온 아이스케이크라고 자랑하며 온 가족이 달콤한 시간을 보냈다는 인사도 보내오고, 남편 생일에 커피와 케익으로 분위기 잡았다는 쪽 편지도 기쁘다. 미니 향수를 보냈더니 오히려 딸이 더 잘 쓴다며 흐뭇해하는 부모의 마음도 보내왔다.
 올해는 어떤 선물을 보내주면 좋아할까! 온 가족이 좋아할 만한 선물을 찾는 행복한 고민을 하면서 그 옛날 천진난만하던 아이들의 얼굴을 떠올려 본다. 교문 앞 해바라기를 닮은 환한 얼굴, 하늘로 부서지던 까르륵 웃음소리, 새내기 교사의 손을 수줍게 맞잡아주던 천사들의 미소가 여전히 눈앞에 또렷하다.

 나의 첫사랑인 직천 제자들과의 추억은 시간이 지날수록 울림이 깊어지고 색상이 부드러워진다. 어느새 오십 줄에 들어선 그 아이들은 어떤 땐 나보다 더 품 넓게 포용하는 모습을 보이기도 한다. 힘겹지만, 인생의 시련 속에서 꽃을 피워내는 모습도 보여 가슴 한쪽이 아릿하면서도 뿌듯함과 자랑스러움이 솟아난다.
 "이제는 선생님이랑 같이 늙어간다."
라며 너스레를 떠는 군인이고 유치원 교사이고 미용사인 중년의 아줌마 아저씨들이지만 내 눈에 그들은 여전히 열 살짜리 꼬맹이들이고, 그들도 순수하고 맑았던 자기 자신을 만나려고 나를 찾는 것이리라.
 또 나를 첫사랑의 설렘과 순수한 열정의 순간으로 돌려 놓아주는 그들은 내 교직 인생을 빛내주는 소중한 선물이며 내 삶을 채우는 싱그러운 향기이다.

김정이

바람 부는 날 벼꽃이 피었다
아픈 손가락
올해도 영산홍이 피었을까
여리고 순한 것들과 함께

 예측할 수 없는 삶 속에서도 우리는 여전히 바라고, 희망을 품는다. 그렇게 쌓인 '바람'과 '우연'이 만나는 지점에서 일은 이루어졌다.

바람 부는 날 벼꽃이 피었다

 나는 중학교 때부터 읍내로 나와서 자취했다. 옆방에는 신혼부부가 살고 있어서 의지가 되었고, 부모님 대신 학부모 상담에 오실 정도로 잘 챙겨주셨다.
 어느 날 수업 중에 담임선생님이 급히 부르셨다.
 "옆방 언니 알지? 애가 많이 아픈지 병원을 가야 한다는구나."
 가방도 제대로 챙기지 못하고 단걸음에 뛰어갔다. 아기 몸이 온통 노랬다. 겉싸개로 아기를 싸서 품에 안고 아저씨와 함께 시내 대학병원으로 가는 버스를 탔다. 나이 든 아저씨와 아기를 안은 여고생을 바라보는 의심스러운 시선은 개의치 않았다. 병원은 그날따라 멀게만 느껴졌다.
 다급한 의료진이 수혈 문제로 아저씨의 혈액형을 물었다.
 "너무 오래돼서 모르겠네요." 아저씨의 대답에 당황스러웠다. '학교에 들어가면 단체로 혈액형 검사를 해서 모를 리가 없을 텐데, 학교에 다니지 못하셨던 건 아닐까?' 짧은 순간 생각이 스쳤다. 아기는 몸 안에 있는 혈액을 다 빼내고 새로 수혈을 받아야 했다. 수술 후유증에 관해 설명을 듣고 수술 동의서에 서명하는 아저씨 손이 바들바들 떨렸다. 아기는 바로 수술실에 들어갔다. 수술실 복도에는 무거운 정적이 흘렀다.
 경험 많은 주인집 할머니가 아기를 받은 건 다행이지만, 병원에서 출산했더라면 어땠을까? 태어난 지 3일 된 아기가 수술실에 들어갈 일은 없지 않았을까? 정말 탯줄을 자른 가위가 원인이었을까? 돈 때문에 집에서 출산했다는데 돈이란 게 뭘까?

가족이나 친척의 도움을 받을 수는 없었을까? 이런저런 생각에 빠져 뜬눈으로 밤을 지새웠다. 옆에 앉은 아저씨는 밤새 긴 한숨을 내쉬었다.

아침이 되어서야 아기를 다시 안을 수 있었다. 병원 올 때와 똑같이 아기를 겉싸개에 싸서 안은 채로 버스를 탔다. 조그만 아기는 너무 귀엽고 예뻤다. 그 후로 매일 학교를 마치면 곧장 언니 집으로 달려갔다.

아저씨는 본가에 자주 전화를 하셨다. 자식이 어떻게 살고 있는지 한 번만 보러오라고 통사정하다시피 했다. 그러나 그들의 부모는 끝내 모습을 드러내지 않았다.
몇 년 동안 본가에서 찾아온 것을 본 적이 없으니 셋째 아기라서 보러 오지 않는 게 아니었다. 친정 식구도 잠깐 들를 뿐이다.

누구도 가난하게 사는 것을 바라지는 않지만, 현실이 된 가난은 부모와 자식 사이를 소홀하게 만들었다. 언니와 아저씨는 가난에 대해서 원망을 하셨다. 왜 가난하게 살면 안 되는지 나에게 눈물로 하소연하셨다.

아저씨는 자전거 가게를 하면서 성실하게 열심히 사셨다. 찾아오지 않는 부모를 원망하면서도 반듯했다. 의지할 사람이 자기들 둘뿐이라는 듯 서로 사랑하며 사는 부부의 모습은 참으로 예뻤다. 결혼하면 구름 위를 걷는 기분으로 살아지는 줄 알았었다.

그때 나는 중요한 자격증 시험을 앞두고 있었는데 언니와 아기를 돌보느라 너무 힘이 들었다. 다만 일주일이라도 제대로 준비하고 싶었다. 결국 엄마한테 전화를 걸었다.

그동안 있었던 일을 이야기하고, 더는 못 하겠다고 얘기했다. 엄마는 한 번 손댄 일인데 끝을 채우지 않으면 그동안 해 준 공이 없다고 안 된다고 했다. 전화를 끊자마자 북받쳐 오는 설움에 눈물이 났다. 그대로 공중전화 부스에 주저앉아서 한참을 울었다.

엄마가 읍내인 이곳에 오려면 버스를 두 번 갈아타야 했다. 엄마는 차멀미를 심하게 해서 버스 타는 일이 있을 때마다 집에선 비상이 걸렸다. 미리부터 마음가짐을 단단히 하고 멀미약을 준비해야 했다. 나는 엄마가 오신다는 기별에 버스터미널로 마중을 나갔다. 쌀 한 말을 머리에 이고 버스에서 내리는 엄마의 모습. 그때 엄마의 등장은 천군만마를 얻은 기분이었다.

오래 자취를 했지만, 친언니가 있어서 요리할 일이 거의 없었다. 나는 산모를 위해 생선을 구웠는데 뒤집을 때마다 부서져서 밥상에 오를 땐 형태가 없어지기 일쑤였다. 산모는 하얀 음식만 먹는다는 이야기를 듣고는 식혜를 사다 주었는데 모유 수유에 어려움을 겪기도 했다. 잘해주고 싶은 마음과는 달리 뜻대로 되는 게 없었다.

밥이나 반찬이나 무엇 한 가지 제대로 해내지 못해 부족함을 절실히 느끼고 있었던 때, 엄마의 손길은 산모의 밥상을 그럴듯하게 만들었다. 집안은 따뜻한 훈기가 돌았다. 얼굴에 웃음이 가득한 언니와 아저씨를 보니 내 마음도 따뜻해졌다.

나는 아기 크는 것을 일 년도 채 못 보고 서울로 올라오게 되었다. 서울 생활에 어렵게 적응하고 있을 무렵 셋째 아이의 소식을 들었다. 옆방 언니의 전화였다.

"우리 아기가 너무 일찍 하늘나라에 갔어. 내가 얼마나 예뻐했는지 너는 알잖아. 정말 고마웠어. 너한테 꼭 전하고 싶었어."

언니의 흐느끼는 소리가 전화기 너머로 들렸다. 아기는 두 해 정도로 짧게 이 세상에 살다 갔다. 성장 속도가 다른 아기에 비해 느렸다. 학교 마치고 집에 갈 때마다 들러서 아기를 보면서 무탈하게 잘 크기를 마음속으로 빌고 또 빌었었는데. 마음이 한없이 무거워지면서 먹먹했다. 그게 마지막 통화였다. 차마 다시 수화기를 들 수가 없었다.

그 후로 몇 년 동안을 꿈에서 그 아기를 보았다. 아기를 예뻐했던 언니의 모습도 꿈에 보였다. 밤만 되면 몸이 아팠고 꿈을 꾸고 나면 괴로웠다. 그러함에도 아침이 되면 일상은 아무렇지도 않은 듯 이어졌다. 그리고 아저씨의 꿈도 꾸었다. 아저씨는 잘 지내고 있으니 걱정하지 말라고 했다. 아저씨의 환한 얼굴에 기분이 좋아지는 꿈이었다. 몇 년이 흘렀는데도 괴로움 속에 헤어나지를 못하자 꿈에서라도 안심을 시켜주러 오신 것만 같았다.

그 일이 잊힌 듯 잠잠해져 올 즈음 고향에 내려갔다. 엄마가 조심스럽게 아저씨의 죽음을 알려주었다. 아이들과 예쁘게 사는 모습을 부모님께 보여드리고 싶었던 아저씨의 작은 소망은 이루어지지 않았다. 그 아픈 마음을 술로 달래곤 하셨다. 그래서인지 간이 안 좋아졌다고 한다.

소아마비로 몸이 불편했던 언니와 남겨진 아이들이 보고 싶어 찾아갈까 했지만, 엄마가 만류하셨다. 다행히 모자가정 지원으로 아파트에서 아이들과 잘 지내고 있다고 했다.

언니의 정갈한 성품을 생각하면 아이들을 야무지게 잘 돌보고 있을 것이다. 언니가 아이들과 잘 산다는 그 말 한마디에 마음이 놓였다.

나는 어려서인지 이해 안 되는 상황이 있었다. 자식을 보러 오기는커녕 아저씨가 찾아가겠다고 해도 그 부모는 한사코 자식을 못 오게 하셨다.
"부모 자식은 천륜이라는데 그 부모는 왜 한 번도 오지 않았을까요?"
"부모가 너무 없이 사니까, 아무것도 줄 것이 없으니까. 시대가 그랬어."
엄마는 눈시울을 붉히셨다.
셋째 아기의 탄생으로 부부는 잠시 세상없는 기쁨을 얻었지만, 갑작스러운 수술과 죽음으로 깊은 슬픔에 빠져버렸고 마침내 아저씨의 죽음으로까지 이어지게 되었다. 이 모든 일의 원인은 벗어날 수 없는 가난이었을 것이다.
가난의 나락. 나락은 벼를 뜻하는 말이기도 하다. 벼는 쌀이 된다. 쌀은 밥이 되고, 우리의 피와 살이 된다. 그러므로 나락은 생명의 원천이다. 추수 끝난 논바닥에 떨어진 벼 이삭을 알뜰히 주워 모으던 엄마, 쌀 한 말을 머리에 이고 딸에게 달려오던 엄마의 모습이 문득 떠오른다.
언니와 아이들이 이제는 가난에서 벗어나서 생명의 원천이 되는 저 들판의 벼처럼 푸르고 건강하게 살기를 기원해 본다.

아픈 손가락

잘 걷지 못하는 아버지는 집 앞에 의자를 내놓고 줄곧 앉아 계셨다. 그러다 답답하면 노인 전용 전동스쿠터를 타고 전답을 둘러보는 것이 유일한 낙이셨다.

아버지는 밭에 간다며 뒤에 타라고 하셨다. 허리를 꽉 잡으라고 몇 번을 말씀하신다. 운전대를 잡은 아버지의 모습은 보이는데, 마치 바람을 안은 듯 아무것도 잡히지 않은 느낌이었다. 수없이 오갔던 길이지만 달리는 전동차에서 낯선 바람이 느껴졌다. '오래 못 사시겠구나. 얼마나 더 사실 수 있을까?' 슬픈 예감이 들었다.

밭일에, 집안일에 미루어두었던 일을 다 해놓고 보니 어둑한 저녁이 되었다. 이번 친정 나들이는 꽤 흡족하게 마무리되어서 이제 돌아갈 채비만 하면 될 줄 알았다. 그런데 아버지는 용돈 봉투도 받지 않고 돌아앉으셨다.

'이제 친정 오면 일 그만해라. 쉬었다가 갈 수가 있나.' 많이 약해지셨다. 아버지의 눈물이 느껴져서 마음이 아려왔다. 쓸쓸한 그 뒷모습을 뒤로하고 대문을 나설 때는 두 눈에서 울컥 눈물이 쏟아졌다.

할 일이 쌓인 탓에 아버지의 건강을 걱정하는 형제들의 목소리는 언제나 부담으로 다가왔다. 한 번 내려와 봐야 하지 않겠냐는 언니의 전화에는 그만 버럭 화를 내고 말았다. 그래 놓고는 마음이 불편해서 하던 일을 서두른다. 그러나 일은 끝날 기미가 보이지 않았다. 친정에 가야 하는데, 가봐야 하는데 걱정하다가 소파에서 얼핏 잠이 들었다. 친정집이었다.

그런데 바람이 어찌나 세게 부는지 아무리 애를 써도 도무지 현관문을 열 수 없었다. 안간힘을 쓰다가 초인종 소리에 퍼뜩 꿈에서 깨어났다.

퇴근한 남편에게 꿈 얘기를 했다. 꿈자리가 뒤숭숭하니 한숨 자고 새벽에 친정을 가보기로 약속하고 잠자리에 드는 순간, 전화벨이 울렸다. 형부였다.

"처제, 아버님 돌아가셨소. 당장 내려오소."

아버지는 기다려 주지 않았다. 마치 영화에서나 나올 법한 장면이 현실이 되었다. 이제껏 잘해 왔는데 단 한 번 언니한테 화를 냈던 게 후회됐다. 언제까지라고 기한을 알 수 있으면 좋으련만, 아버지의 마지막을 알 수 없어서 후회할 일을 저지르고 말았다.

"이제 친정 오면 일 그만해라. 쉬었다가 갈 수가 있나."

아버지는 그날이 나와 함께 하는 마지막 날임을 미리 알고 계셨을까? 그날은 친정에서 머물 수 있는 마지막 날이었다. 그 말씀은 유언이 되었다.

그날 이후 아버지는 자주 내 이야기를 하셨다고 한다.

"아기를 가지려고 저렇게 애를 쓰는데 하느님도 무심하시지."

임종 직전까지도 내 걱정을 하셨다는 말을 듣고 가슴이 무너져 내렸다. 그렇게 나는 아버지의 아픈 손가락이었다.

아버지가 병원 진료 때문에 두세 달 내 집에 와 계신 적이 있었다. 굽은 나무가 선산 지키고 가장 못난 자식이 내 자식이 된다는 말처럼, 마침 내가 집에 있는 시기여서 병시중을 들 수 있었다.

아버지가 모든 진료를 마치고 고향 집으로 내려가기 전날 밤이었다. 하필 병원에서 받아온 알약 하나가 까탈을 부렸다. 투약한 순간부터 은근히 아려오는 아픔이 멈추지 않았다. 어찌나 고통스러운지 죽음이 떠올랐다. 밤새워 뒤척이다 거실로 나왔다. 딸의 신음에 잠을 이루지 못하셨는지 아버지가 조용히 방문을 여셨다.
"그렇게 아프냐? 이제 그만해라."
아버지의 목소리는 따뜻하고 편안했다. 그러다 잠깐 잠이 들었다. 아버지는 시골집으로 내려가시고, 나는 병원을 찾았다.
다시 수면 마취를 했다. 숨을 들이마실 때마다 소독약 같은 냄새가 전신으로 퍼지는 게 느껴졌다. 오랜만에 깊은 잠을 자고 일어난 기분이 들었다. 인간은 감당할 수 있을 만큼의 고통을 준다더니 죽을 것 같은 통증도 사라졌다. 그렇게 아픈 줄 알았다면 시기를 미루었을 텐데. 하필 가장 아픈 시기에 아버지와 있었다니. 뒤늦은 후회가 밀려왔다.
언젠가 아버지가 중환자실에 누워계실 때였다. 아버지는 면회 중에 통증을 느끼셨다. 어떻게 해야 할지 안절부절못하는 나에게 아버지는 얼른 밖에 나가라고 성화를 내셨다. 그마저도 짧은 면회 시간이 끝나면 매정하게 문이 닫혀 버렸다. 아버지가 당신의 고통스러워하는 모습을 보여주고 싶지 않아 하셨듯이 나 역시도 좋은 모습만 보이고 싶었는데……
시험관 아기 시술.
희망과 절망이 반복되고, 끝을 알 수 없는 오랜 병원 생활은 나를 지치게 했다. 참을 수 없는 극심한 고통을 겪고 나면 그 후엔 어떤 말도 할 수 없었다. 의사 선생님께는 미안하지만, 수면 마취 상태에서 영영 깨어나지 않기를, 그래서 다시는 이 고통을 겪지 않기를 바란 적도 있었다.

스치는 바람에도 눈물이 나고, 웃기는 영화를 봐도 자꾸만 눈물이 났다. 웃음은 나의 것이 아니었다. 일도, 아기도, 인간관계도 아무것도 없는 빈손. 어디에서부터 잘못된 건지 알 수 없지만, 송두리째 흔들렸다. 내 인생은 실패작이었다. 왜 이런 고통을 겪어야 하는지 억울한 마음도 들었다. 희망은 언제나 신기루처럼 다가왔다가 사라졌다. 잡힐 듯 잡히지 않아서 놓을 수 없었다. 지성이면 감천이란 말도 나를 비켜 갔다. 인생이란 알 수 없는 것이었다. 답답한 굴레에 갇혀 허우적거리지만, 앞이 보이지 않았다. 암흑과도 같은 답답함, 그 중심에 내가 서 있었다.

내가 수많은 번민 속에서 헤매고 있었을 때 아버지는 영면에 들었지만 차마 내 곁을 떠나지 못했다. 불안함이 밀려와서 잠을 이루지 못할 때 잠깐잠깐 선잠 속에 나타나셨다. 어린 나와 동생을 양쪽 무릎에 앉히고 안고 있는 모습이었다. 어린 나는 아버지 품에서 세상 걱정 없는 모습을 하고 있다. 그 꿈을 꾸고 나서 평온함이 찾아왔다. 그러고도 한 번씩 고비를 넘겨야 할 때 잠깐 잠든 사이에 어김없이 아버지가 꿈에 보이셨다.

수많은 실패 끝에 마침내 새로 태어난 아이가 내 호적에 오르게 되었다. 아이는 건강하게 커 주었고, 친척과 친지들의 축복 속에 돌잔치를 치르게 되었다. 저세상에서도 얼마나 기쁘셨을까, 그날은 아버지도 어릴 적에 보았던 젊은 모습으로 다녀가셨다.

내 일에 집중하다 보면 집안이 조용할 때가 있다. 부산스럽게 움직이는 소리를 듣고 있자면, '저 아이가 없다면 나 혼자이지'라는 생각이 든다. 그럴 땐 고개를 들어 아이를 바라보게 된다.

마치 선물처럼 느껴진다. 아이는 돌아가신 아버지가 주신 이 세상에서 가장 귀한 선물이라서인지 밝고 건강하게 커가고 있다.

아버지에게도 또 스스로에게도 나는 언제나 아픈 손가락이었으니, 아기 엄마로 사는 삶은 덤으로 여겼다.

살면서 어떤 일이 생기더라도 담담하게 받아들이기로 했다. 그런데 그 덤에서 꽃이 피기 시작했다. 다시 꿈꾸지 못할 것 같는데 꿈을 꾸고 있고, 다시 웃지 못 할 줄 알았는데 웃고 있다. 아픈 것도 아닌데 다시 살고 싶어졌다. 예쁜 딸아이를 바라보면서 세상 그 누구보다 나는 더 행복하게 살고 있음을 자각하는 순간 또다시 눈물이 흘러내렸다. 내 안에 자리 잡고 있던 깊은 상처가 나도 모르게 치유되었음을 알게 되었다.

"여름휴가는 어디로 가요?"
딸아이의 물음에 문득 친정 마을 풍경이 떠오른다.
고샅길 걸어 들어 대문간에 이르면,
"이제 그만해라. 쉬었다 가라."
그리운 아버지의 목소리를 다시 들을 수 있을까?

올해도 영산홍이 피었을까

택배 안내 문자를 받았다.
'10주년 기념 증서 액자'
아, 기부를 시작한 지 벌써 십 년이 되었구나.
후원 단체에서 보낸 텀블러와 종이 액자에는 '사랑을 행동으로 실천해 온 선한 영향력'이라는 문구가 쓰여 있었다. 이런 선물을 받기엔 부끄러울 만큼 작은 후원을 하고 있다. 이렇게 한 번씩 연락을 받을 때면 자동이체로 잊고 지내던 내 작은 성의를 누군가는 잊지 않고 있다고 조용히 알려주는 듯하다.

'후원'이라는 말을 들으면 영산홍이 먼저 떠오른다. 십여 년 전, 블로그를 통해 해외 아동을 후원하던 사람을 알게 되었다. 자신의 미술적 재능을 아낌없이 나누는 분이었다. 직접 만든 스탬프로 다양한 무늬를 넣은 수제 노트를 나도 선물로 받았다. 미적 감각이 뛰어난 그녀가 특별하게 느껴졌다. 그렇게 교류하게 되면서 아기를 잃은 아픈 사연을 알게 되었다.
영산홍 나무 아래 아기를 묻고, 그 앞에서 오랜 시간 울었다는 그녀는 아픈 마음을 달래기 위해 때때로 그 꽃을 찾아간다는 이야기를 덤덤히 들려주었다. 영산홍 나무는 죽은 아이의 무덤이자, 용서를 비는 자리였고, 기도였으며, 위로였을 것이다.
그녀는 아기를 잃은 아픔을 가슴에 품은 채, 자식에게 못다 한 사랑을 천만리 먼 이국의 다른 아이에게 건네고 있었다.

해외 후원 아동이 보내온 감사 편지를 받고 아이에게 보낼 선물을 고르며 전한 이야기에는 말로는 다할 수 없는 설레는 마음이 고스란히 느껴졌다.

'더 큰 가족'이라는 텀블러 문구는 아마 이 이야기에 닿아 있을 것이다. 그녀는 슬픔을 품은 자리에서 피어난 분홍빛 영산홍처럼, 어떻게 예쁘게 살아갈 수 있는지를 조용히 보여주었다.

그 무렵, 위탁가정 아기들에 관한 이야기를 들었다 지원 예산이 넉넉지 않아 분유를 충분히 제공하지 못하고, 한 아기가 입던 옷도 새로 태어날 아기를 위해 보관한다는 이야기가 마음 아프게 다가왔다.

'우리나라에서 태어난 아기는 우리 사회가 돌보아야 하지 않을까?'라는 생각을 했다. 나도 그녀처럼 후원하기로 했다. 하지만 그때는 형편이 여의치 않아 바로 후원을 시작할 수 없었다. 무언가 빚을 진 것 같은 불편한 마음을 안고 몇 해를 보내고 나서야, 생활이 조금 안정되었다. 내 아이가 세 살이 되던 해에 비로소 기관에 연락해 후원 신청을 했다.

하지만 순수한 나눔이라기보다, 내 아이가 무탈하게 자라길 바라는 이기적인 마음이 더 컸다. 아기 이름으로 후원을 시작하면, 작게나마 베풀며 사는 사람이 되지 않을까 싶었다. 언젠가 내가 후원을 할 수 없게 되면, 아이가 이어서 해주길 바라는 마음이었다.

세 살 아기였던 내 아이는 어느덧 중학생이 되어 내 키를 훌쩍 넘어섰다. 어느 날은 내 어깨에 팔을 올려 어깨동무를 하고선 제법 어른스러운 척을 한다. 자신의 이름이 새겨진 증서 액자를 한참 바라보던 아이가 조심스럽게 말했다.

"엄마, 어른이 되면 그땐 내가 할게. 근데 어떻게 살고 있을지 모르니까… 내가 못 살면 어쩌지?"

어린 마음으로 깊이 고민하는 모습에서 뜻밖의 책임감이 느껴졌다. 마음을 낸다는 것이 말처럼 쉬운 일이 아니라는 걸 알기에, 아이의 고민이 와 닿았다.

한 그루 영산홍 묘목을 심는 마음으로 보낸 나의 후원을 받은 누군가는 이제 열 살이 되었겠지. 또 누군가는 이제 막 태어났을지도 모른다. 아가야, 부디 잘 자라렴. 너희가 나를 모르듯 나도 너희를 모르지만, 마음을 보낸다. 그 마음이 너희 삶에 조용히 닿아 있기를 바란다.

여리고 순한 것들과 함께

문득 책을 읽고 싶을 때가 있다. 부담 없이 읽고 싶어서 박준의 『계절 산문』을 꺼내 들었다.

『계절 산문』은 작가의 동선을 따라 느릿한 걸음으로 이야기를 나누는 기분이 들었다. 그날의 감정과 일상을 낮은 어조로 들려주는 것 같았다. 감정의 흐름이 자연스러워 편하게 느껴졌다. 놓치고 싶지 않은 문장이 툭 걸렸다.

여리고 순하고 정한 것들과 함께입니다. 살랑인다. 일렁인다. 조심스럽다 라고도 할 수도 있고, 나른하다. 스멀거리다 라는 말과도 어긋남이 없습니다. 저물기도 하고 흩날리기도 하다가도 슬며시 어딘가에 기대는 순간이 있고 이내 가지런하게 수놓이기도 합니다. 뻗으면 닿을 것 같지만 잡으면 놓칠 게 분명한 것입니다. 따듯하고 느지막하고 아릿하면서도 아득한 것입니다. -「삼월 산문-봄의 스무고개」중에서

3월 중순, 암 투병으로 오랜 병원 생활을 마친 언니가 퇴원했다. 가족들이 모였지만, 언니는 수프만 겨우 먹을 수 있었다. 보지 못한 사이 핼쑥해진 얼굴은 얼마나 고생이 많았는지 알 수 있었다. 호수가 보이는 공원에 갔다. 전날까지 겨울 외투를 입었지만, 그날은 봄처럼 따뜻했다. 나무에는 꽃망울이 맺혔고, 버들강아지는 노랗게 피어 있었다. 겨울과 봄이 맞닿은 순간, 여리고 순하고 정한 것들은 조심스럽게 봄을 준비하고 있었다.

중학생이 된 딸아이와 대학생이 된 조카는 새로운 시작에 조심스러운 설렘이 느껴졌다. 고비를 넘긴 언니의 모습은 대가족 속에서도 가지런했다. 평소엔 각자 흩날리면서 함께하는 시간은 서로에게 기대는 순간으로 채워졌다. 그리고 다음 날 폭설이 내렸다.「삼월 산문 -봄의 스무고개」는 그날의 기록을 보는 것 같았다.

사는 일이 이상합니다. 마음에 저승 같은 불길이 일고, 그것을 손으로 비벼 끄다가, 발을 동동 굴리다가, 어느새 말과 행동까지 뜨거워져서는 어쩔 줄 몰라 합니다.
하루하루를 이렇게 보냅니다. 그러다 다시 지금 같은 밤이면 아무것도 아니었던 마음 -「삼월의 편지」중에서

 내 마음도 그렇다. 사는 일이 이상하다. 어느 땐 길이 보이다가도 사라져버린다. 이런 생활이 반복되었다. 어느 땐 더는 참을 수 없어서 불쑥 뛰쳐나갈 수 있겠단 생각이 든다. 그러면서도 어느 날은 '그래도 참, 어떻게 여기까지 해왔어'라며 자신을 위로하기도 한다. 대책 없는 미래에 대책 없는 하루를 보내면서 별 중요하지도 않은, 아무것도 아닌 마음.

시를 쓰겠다고 떠나온 여정이었지만 그렇다고 바로 써지는 것은 아니었습니다. 일상과 직장에서 벌어진 일들이 아물지 않은 상처처럼 그곳까지 따라온 탓이었습니다. -「저녁과 저녁밥」중에서

 글을 쓰는 일은 쉽지 않다. 글 한 편 쓰는 데 며칠 걸린다.

하루는 어떤 식으로 쓸지 고민하고, 하루는 정보를 찾고, 또 며칠은 틈틈이 쓰다가 마침내 완성한다.
그러다 과거에 묶여 헤매다 보면, 한 편의 글도 쉽게 써지지 않는다. 감정이 요동치는 바람에 한 달이 걸리기도 했다. 아물지 않은 상처가 글쓰기를 방해한 것이다.

민박집으로 돌아왔을 때 주인 할머니는 "뭐 한다고 땡볕에 종일 걷기만 한대, 어서 씻고 저녁 먹어"라고 말씀하셨고 저는 머뭇거리며 저녁 생각이 없다고 답을 드렸습니다. 그러자 주인 할머니는 "저녁은 저녁밥 먹으라고 있는 거야"라고 다시 말하셨고요.
별것 아닌 할머니의 이 말은 큰 힘이 되었습니다. "저녁은 저녁밥 먹으라고 있는 것이지, 너처럼 후회하고 괴로워하라고 있는 게 아니야"라는 말로도 바뀌어 들렸으니까요.
또 저녁입니다. - 「저녁과 저녁밥」 중에서

'저녁은 저녁밥 먹으라고 있는 것이지, 너처럼 후회하고 괴로워하라고 있는 게 아니야.' 이 표현이 마음에 들었다. 한 줄 띄어 쓴 여백에서 행간의 의미가 느껴졌다. 여백에 무수히 많은 생각이 쌓여있다. 그 감정들 사이에 무심한 듯 '또 저녁입니다'에서 회귀가 느껴졌다.
괴로움 속에서 반복적으로 오늘을 살아갈 것. 의미를 두지 말고, 그저 그렇게 매일 해가 뜨고 밤이 지는 것처럼.

어떤 일의 이루어짐은 그것을 바랐던 사람의 몫이라 생각합니다. 삶이라는 것이 혹은 계획이라는 것이 늘 마음처럼 되는

것은 아니겠으나, 바람이 선행되지 않는다면 이루어진다는 말 자체는 성립되지 않을 테니까요. - 「십이월 산문」 중에서

  일이 이루어진다는 것은 켜켜이 쌓여온 삶 속에서 우연과 필연이 마주하는 순간일지도 모른다. 때로는 바라지 않아도 이루어지기도 했지만, 간절히 바라야 겨우 닿을 때도 있었다.
  모든 일은 계획대로 되지 않았다. 늘 예상치 못한 변수가 작용했다. 그러면서도 바라는 대로 흘러가길 기대하는 것이 인간의 본성이 아닐까. 예측할 수 없는 삶 속에서도 우리는 여전히 바라고, 희망을 품는다. 그렇게 쌓인 '바람'과 '우연'이 만나는 지점에서 일은 이루어졌다.

  말하지 않아도 아는 사람, 작은 선택에서도 배려를 읽어내는 사람. 그런 따뜻함이 이 책 속에 녹아 있다. 첫 페이지에 있는 글이지만, 나는 삼월의 봄볕을 마지막까지 머물게 하고 싶어서 마지막에 적어본다.

너는 나무 그림을 좋아하는구나!

그걸 어떻게 아셨어요?

오늘도 지난번처럼 연두색과 밤색 물감만을 골라 왔잖아
        그러니 알지 - 「문구」 전문

김태선

할머니의 부엌
커피 이야기
현대인의 자화상
원미산 연가

그날 이후 할머니가 안 계신 세상은 단짝 친구가 없어진 것처럼 쓸쓸했다. 지금은 어느 하늘나라에 계실까? 그리움이 절절히 마음에 맺힌다. 할머니의 주름진 얼굴을 다시 만져보고 싶다.

할머니의 부엌

 지워지지 않는 유년의 풍경 속에는 할머니 손을 꼭 붙들고 시장에 가는 내가 있다. 할머니는 항상 나와 함께 장을 보셨다. 초등학생인 나는 할머니가 의지할 수 있게 왼손에 힘을 주어 보조를 맞추면서 걸어갔다. 얼마간 걸어가면 할머니는 쉬어 가자고 하셨다. 큰길가에 주저앉은 할머니가 일어설 때까지 나는 옆에 서서 기다린다.
 시장에 가면 주로 야채와 생선을 사고 가끔 과일도 샀다. 엄마는 가게 일로 바쁘셨고 집안 살림은 할머니가 많이 하셨다. 할머니의 단짝 친구가 나였다. 나는 시장에서 할머니가 물건을 살 때면 마치 어른인 것처럼 물건 값을 깎았다. 물건 파는 분들이 꼬마 아이가 신통하다며 덤도 더 주고 값도 깎아 주셨다.

 잠이 많았던 나는 아침에 일어나기가 매번 힘들었다. 할머니가 한 번 두 번 흔들어 깨우지만 할머니가 깨우는 건 별로 무서워하지 않았다. 엄마의 불호령이 떨어지고 나서야 정신을 차리고 벌떡 일어났다.
 내가 아침을 먹고 등교 준비를 하는 과정에서도 할머니는 항상 내 옆에 계셨다.
 "할머니! 내 실내화 어디 있어? 할머니! 내 보조 가방 찾아줘!!"
 나는 할머니가 계셔서 무사히 등교 준비를 마치곤 했다. 내가 깜빡 잊고 준비물을 안 가져간 날은 할머니가 학교까지 직접 들고 오셨다. 나는 할머니가 학교 오시는 걸 창피해했지만 그래도 할머니가 안 계셨으면 어쩔 뻔했나, 생각했다.

우리는 단짝이어서 할머니도 심부름시키실 일이 있으면 집 안이 떠나가라 나를 부르셨다. 시장가서 파도 사 오고 콩나물, 두부도 사 오고 가끔 담배 심부름도 했다. 할머니는 골초는 아니었지만, 이따금 담배를 태우셨다.

할머니는 딸 하나, 아들 다섯을 낳았다. 그런데 할아버지가 6.25 전쟁 통에 북한으로 간 고명딸을 찾아 38선을 넘어가신 이후에 휴전선이 그어져 영영 이별하게 되셨다. 할머니는 청상과부로 돌아가실 때까지 할아버지와 딸을 가슴에 담고 속울음을 우셨을 거다. 그때마다 담배 한 개비로 그리움을 달래지 않으셨을까 싶다.

어머니가 일을 하셨기 때문에 집안 살림은 할머니가 도맡아 하셨다. 허리가 조금 굽으셔서 설거지하실 때는 싱크대에 오른팔을 걸치고 하셨기에 팔에 싱크대 자국이 깊이 새겨져 안타깝기도 했지만, 나이에 비해서는 꽤 정정하셨다. 나는 할머니 옆에서 놀면서 시간을 보냈다. 언제나 그 자리에서 엄마 대신 친구가 되어 주셨던 할머니의 존재는 나를 명랑하고 활발한 아이로 자랄 수 있게 하는 정신적 지주가 아니셨나 하는 생각이 든다.

할머니는 성품이 온유하고 교양이 있으셨다. 사용하는 말이 고향인 전라도 사투리가 아니라 서울말을 쓰셨다. 할머니는 비녀를 꽂은 쪽머리를 하셨는데 머리를 풀어서 두 갈래로 땋아 드리기도 하고 할머니 곁에서 장난도 쳤다. 할머니는 귀찮다, 하지 마라 하셨지만, 표정은 늘 웃고 계셨다.

내가 시험을 잘 봐서 성적이 좋으면 누구보다 기뻐하셨다. 보는 사람마다 내 자랑을 하셨다. 나는 공부를 많이 하지는 않았는데 항상 3등 안에는 들어서 할머니한테는 큰 자랑거리였다.

할머니가 기뻐하시는 걸 보면서 할머니를 기쁘게 해드리려고 공부를 열심히 하려고 했던 것 같다.

할머니는 건강 체질이셔서 별로 아픈 데가 없으셨는데 80대 중반이 되니 앓아눕게 되셨다. 엄마랑 작은어머니들이 교대로 할머니 수발을 들었는데 정신없이 바빴던 고3 시절이어서 할머니 옆에서 놀아드리지도 못하고 내가 대학에 입학하면 할머니랑 실컷 놀아야지 하고 마음에 새기곤 했다.

하루는 학교에 가려고 가방을 메는데 할머니가 설사하셔서 내가 치울 수밖에 없었다. 나는 철없이 빨리 학교 가야 하는데 하며 할머니한테 짜증을 냈다.

그러던 어느 날 할머니는 무슨 예감이 있으셨던지 작은아버지들을 다 불러 모으셨다. 나는 혼자 방에서 공부하고 있었는데 막내 작은어머니가 울면서 할머니한테 가보라고 하셨다. 할머니는 희미한 목소리로 공부 열심히 하고 부모님 말씀 잘 들으라고 말씀하셨다. 그것이 내가 할머니랑 마주한 마지막이었다. 그날 이후 할머니가 안 계신 세상은 단짝 친구가 없어진 것처럼 쓸쓸했다.

지금은 어느 하늘나라에 계실까? 그리움이 절절히 마음에 맺힌다. 할머니의 주름진 얼굴을 다시 만져보고 싶다

커피 이야기

　점심을 먹고 나면 다들 테이크아웃한 커피를 하나씩 들고 담소를 나누는 모습을 흔하게 볼 수 있다. 출근길에 아이스 아메리카노 한잔 사 들고 가거나, 월요일 아침처럼 일을 시작할 때는 팀장이나 직급이 높은 사람들이 커피를 사기도 한다. 이런 모습이 직장인의 일상적인 문화가 되었다.
　예전에도 집에 손님이 오면 으레 커피를 대접했다. 인스턴트커피에 프림과 설탕을 넣었다. 커피, 프림, 설탕의 배합 비율은 각자의 기호에 따라 달랐고, 원하는 물의 양도 사람마다 차이가 있었다. 요즘엔 가정에서도 원두커피를 내려 먹거나 캡슐커피, 커피메이커 등으로 커피를 제조해 먹기도 한다. 원두가 신선한지, 로스팅 잘 된 커피인지 등 소비자들의 기호가 점점 까다로워졌기 때문이다.
　세계인의 보편 음료인 커피의 수요가 많은 우리나라는 커피 산업이 날이 갈수록 확대되고 있다. 커피전문점이 기하급수적으로 늘어나고 저가 커피도 점차 시장을 넓혀가고 있지만, 스타벅스나 블루보틀 같은 해외 프랜차이즈 커피가 우리나라 커피 시장을 주도하고 있다. 우리나라는 스타벅스 체인이 2,000개가 넘어 미국, 중국 다음으로 체인이 많은 커피 애호국이 되었다.

　우리나라 최초의 커피 애호가는 고종황제라고 알려져 있는데 아관파천 당시 고종이 러시아 공사관에 있을 때 처음으로 가배咖啡 즉, 커피를 대접받았다고 기록되어 있다.
　오늘날에는 커피도 다양화되어 커피숍에서 다양한 메뉴의

커피음료가 커피 애호가의 선택을 기다리고 있다. 대표적인 커피 메뉴는 아이스 아메리카노, 따뜻한 아메리카노, 카페라떼, 카페모카 등이 있다. 얼음을 넣은 찬 음료와 따뜻한 음료가 있다.

커피를 많이 마시는 사람들은 아이스 아메리카노를 아아, 따뜻한 아메리카노를 뜨아라고 이름을 줄여서 부르기도 하고 겨울에도 따뜻한 음료가 아닌 아이스 아메리카노를 마시는 사람을 '얼죽아'라고 부르기도 하는데 이는 '얼어 죽어도 아이스 아메리카노'의 줄임말이다. 나라별로 커피의 종류에 따라 명칭도 조금씩 다르다. 호주에서는 플랫 화이트, 롱 블랙, 라떼, 카푸치노, 피콜로 라떼 등으로 부른다. 유럽이나 아시아 문화권에서 부르는 명칭은 또 다르다.

몇 년 전 이탈리아에 갔을 때, 아주 작은 커피 잔에 에스프레소 한 잔을 내려 따로 테이블에 앉지 않고 커피숍 문 옆에 나란히 서서 마셨던 기억이 있다. 이탈리아에서는 이렇게 흔히들 커피를 서서 마시기도 한다.

이탈리아 사람들의 커피에 대한 자부심에 공감이 갈 만큼 커피는 맛있었다. 스타벅스도 뚫지 못해 해외 커피 체인점이 없는 흔치 않은 나라가 이탈리아다.

커피를 즐기는 커피 애호가 중 자신이 마시는 한잔의 커피를 생산하기 위해 커피 노동자들이 얼마나 많은 피와 땀을 흘리는지 아는 사람은 얼마나 될까? 노예처럼 노동을 하고도 제대로 된 보상을 받지 못하는 커피 산업의 어두운 그림자는, 세계에서 석유 다음으로 많이 팔리는 커피를 소비하는 우리가 반드시 한 번은 짚고 넘어가야 할 부분이라는 생각에 씁쓸해진다.

대학 시절, 우연히 교수님 연구실에 갔다가 조교가 청소하는 것을 볼 기회가 있었는데 책상 서랍 맨 위 칸은 초콜릿, 사탕, 커피 등 각종 달달한 간식으로 가득했다. 석 박사 논문은 커피랑 초콜릿이 쓴다는 우스갯소리가 있을 정도다. 커피에 들어 있는 카페인은 노동의 피로를 줄여주고 에너지를 더해 준다.

커피는 우리의 생활 안에서 여러 가지 기능을 하는 것 같다. 사람을 만날 때, 휴식이 필요할 때, 분위기를 내고 싶을 때 유용하다. 사람을 만날 때 커피와 함께하면 분위기를 부드럽게 해주고, 휴식이 필요할 때는 따뜻한 블랙커피나 시원한 믹스커피를 마시며 피로를 풀어주고 한 모금 한 모금 마실 때 쉼을 얻는다.

더운 여름날엔 얼음을 띄운 아이스커피가 더위를 식혀주고 비가 오는 날엔 왠지 따뜻한 카페라떼 한 잔이 낭만적인 분위기를 낸다.

취업준비생 시절, 독서실에서 공부를 시작하기 전 믹스커피를 한 잔 마시면 몸이 천근만근 무겁다가도 온몸이 깨어나면서 정신이 또렷해졌었다. 믹스커피의 마법이라고 하지 않을 수 없다.

한때는 바리스타 자격증 열풍이 불기도 했다. 요즘도 회사에서 퇴직예정자를 위한 교육과정에 바리스타 과목이 들어 있다.

이런저런 이유로 현대인들이 커피를 물처럼 많이 마시게 되어 우리 생활 깊숙이 스며들어 없으면 안 되는 기호식품이 되었다. 어차피 마셔야 하는 것이라면 품질 좋은 원두를 사용하고 다양한 맛을 개발하여 국민들의 삶을 풍요롭게 해줄 수 있다면 좋을 것이다.

현대인의 자화상
- 《파리 텍사스 Paris, Texas》

 교무실로 불려 갔다. 집에 일찍 가야 하는 사유를 확인하려는 담임선생님의 호출이었다. 친구들과 함께 야간자율학습을 하지 않고 극장에 가자고 약속한 날이었다. 다른 아이들은 이런저런 구실을 만들어서 허락을 받았지만, 거짓말을 못 하는 나는 마땅한 핑계거리를 찾지 못해 우물쭈물하다가 선생님의 추궁에 끝내 이실직고하고 말았다. 결국, 그날의 영화 관람 계획은 실패로 돌아가 버렸다. 내가 솔직하게 말하는 바람에 영화를 보지 못하게 된 친구들에게 참으로 미안했다.

 그다음 주말, 안양에 있는 명화극장에서 영화를 보았고, 여주인공으로 나온 나스타샤 킨스키의 매력에 푹 빠지게 되었다.
 ≪파리 텍사스 Paris, Texas≫.
 여고 1학년에게는 너무 어려웠으나 영화음악, 배우들의 명확한 개성, 음울하지만 따뜻한 영화의 전반적인 느낌들이 나의 감수성을 자극했다. 인간을 바라보는 빔 밴더스Wim Wenders 감독의 시선이 마음에 들었다.
 끝도 없이 이어진 텍사스 사막을 하염없이 걷고 있는 남자(트래비스, 해리 딘 스탠튼Harry Dean Stanton 분扮). 그 남자는 얼마 후 정신을 잃고 쓰러진다. 뜨겁던 태양은 일몰을 향해 가고 남자는 근처에 사는 의사에게 발견되어 병원으로 실려 간다.

의사는 남자의 호주머니에 있는 종이에 적힌 전화번호로 전화하고, 동생이라는 사람이 찾아와 남자를 데리고 간다.

오랫동안 남자는 가족과 떨어져 살아왔다. 동생이 키우고 있던 아이(헌터)는 갑자기 나타난 아버지에게 별다른 반응을 보이지 않지만, 시간이 지나면서 아버지와 아들로서 조금씩 서로의 존재를 인식하고 다가가려 한다.

남자는 옷가게에서 가장 멋진 옷을 사 입고 아이의 하교 시간에 맞추어 마중을 나간다. 아들은 나오다가 그를 발견하고 표정 없이 가 버리지만, 어느새 석양이 지는 큰길을 사이에 두고 아들은 아버지와 발걸음을 한발씩 내디디며 서로에 대한 마음을 열고 교감한다.

영화에는 기본적으로 휴머니티가 깔려 있다. 조카를 대하는 동생 부인의 모습이나 동생 집에 있는 신발을 정리하고 구두를 닦아 내놓는 남자의 모습에서 빔 밴더스 감독의 사람을 보는 따뜻한 시선이 느껴진다.

아들이 엄마와 함께 새 삶을 살 수 있도록 해주고 싶었던 남자는 달마다 동생의 은행 계좌로 양육비를 보내오는 아내(제인. 나스타샤 킨스키Nastassja Kinski 분扮)의 송금 지점을 알아내고 길을 나선다. 남자의 오래된 지프를 타고 가면서 남자와 아이는 서로에게 강한 연민과 부자의 정을 느낀다. 남자가 아이와 함께 아내를 찾아가는 여정엔 이따금 황량한 현대사회의 단면들이 오버랩되지만, 전체적으로 로드무비다운 흐름에 아이와 남자의 서툰 사랑하기의 메타포들이 군데군데 장치되어 있어 어두운 영화에 따뜻한 미소를 선사한다.

마침내 남자는 휴스턴의 성인 극장(피프 쇼peep show)에서 아내를 찾게 된다. 그녀는 부스 안에서 손님과 대화하는 일을 하고 있었다. 남자는 거울 너머의 아내에게 자신의 잘못을 고백한다. 집착과 의심으로 아내를 지치게 했고, 결국 그녀가 아이를 두고 떠나게 만들었던 과거를 뉘우치고 용서를 빈다.

그리고 뒤늦게 서야 상대가 더 나은 삶을 살도록 길을 열어주는 것이 진정한 사랑이라는 것을 깨달은 남자는 아내에게 아들을 돌려주고 자신은 떠나기로 결심한다. 모자가 호텔 객실에서 만날 수 있게 해주고 정작 본인은 호텔 밖에서 객실 창문을 올려다보며 떠남을 준비한다. 아내를 너무도 사랑했지만, 그 사랑이 오히려 아내를 구속하게 되고 뜨거운 사랑은 불행한 종말을 가져오고 말 것이기에 남자는 아내와 아들을 남겨놓은 채 길을 떠나려는 것이다.

영화는 남자가 홀로, 다시 길 위에 서는 장면으로 끝이 난다.

《파리 텍사스》는 사막의 황량한 풍경을 통해 현대인의 고독한 내면을 상징적으로 보여주며, 그 고독 속에서 어떻게 다시 관계를 회복할 수 있는가 하는 질문을 던진다.

또 하나 이 영화에서 주목해야 할 것은 빔 벤더스와 작곡가 라이 쿠더Ry Cooder가 함께 작업한 영화음악이다. 슬라이드 기타주법으로 인간들의 상실과 침묵, 긴 여정의 고독을 잘 표현했다는 평가를 받는 음악이다. 라이쿠더의 음악은 영화 초반부부터 일관된 흐름을 가지고 현대사회 인간의 고독을 애절할 만큼 흐느끼는 듯한 기타연주로 표현했다.

그는 안주安住할 수 있는 진정한 마음자리를 찾아 헤매는 현대인의 자화상이 아닐까?

낭만적인 프랑스 파리가 아니라 텍사스 어디쯤에 있는 그 황량한 파리를 찾아가고 싶다. 사막을 정처 없이 걷고 있는 그 남자를 만나보고 싶다.

원미 산 연가

나이 들면 아침잠이 없어진다더니 50을 넘어서니 새벽에 일어나는 것이 힘들지 않다. 아니, 일어나기 힘들지 않은 것이 아니라 저절로 잠이 깬다. 직업 특성상 교대근무를 하다 보니 취침 시간이 불규칙하여 자리를 펴고 누워도 쉬이 잠들지 못하는 날이 많다. 초저녁에 잠들었다가 두세 시쯤 깨어서 뜬눈으로 지새우는 날도 종종 있었다. 양질의 수면이 건강을 유지하는데 절대적이라는데 나도 모르는 사이 건강이 많이 나빠졌을 것이다.

40대 중반부터 하나둘씩 없던 병이 생겨났다. 건강검진 결과 가장 먼저 이상지질혈증과 공복시 혈당 장애가 발견되었다. 어렸을 때부터 건강을 자신하고 있던 터라 별것 아니겠지 했는데 그게 아니었다. 이상지질혈증은 일종의 고지혈증이고, 공복 시 혈당 장애는 당뇨 바로 전 단계라 했다.

또 연전에는 눈에 드루젠drusen이 생겨 양쪽 다 백내장 수술을 받았다. 그러나 노안은 막을 수 없어 돋보기를 사용해야 한다. 거기에다 당뇨가 발병하여 지속적으로 혈당과 투쟁을 하고 있다. 그래서 새벽에 잠이 깨거나 밥을 먹고 혈당을 낮추려고 할 때는 가까운 거리에 있는 원미 산에 오른다.

역곡동에 방을 얻어 독립하고 마땅히 갈만한 산을 찾다가 원미 산 이야기를 들었다. 양귀자 작가의 『원미동 사람들』이란 소설로 해서 꽤나 친숙한 느낌이었고 가톨릭대학교 바로 옆에 원미 산으로 가는 길이 있다는 걸 알게 되었다.

원미 산 정상까지 올랐다가 집에 돌아오는데 왕복 2시간이면 충분하니 운동 효과도 있고 크게 힘들지 않은 경로라 자주 오르고 있다. 건강을 위해 산에 오르는 사람들이 점점 더 많아지고 있는데 가까운 곳에 너무 높거나 낮지도 않은 산이 있다는 것은 우리의 생활에 유익한 일이다.

 식사 후뿐만 아니라 딱히 할 일이 없을 때도 운동 삼아 원미 산을 찾는다. 필요한 건 생수 한 병만 있으면 된다. 요즘처럼 뙤약볕이 기승을 부릴 때는 등산을 피하는 게 좋다고 하지만 굳이 모자를 챙겨 들고 나선다.
 아침 일찍 원미 산에 가면 운동 나온 사람을 심심찮게 만난다. 공을 차는 조기축구회 회원들, 배드민턴 라켓을 든 사람들, 강사를 따라 활기찬 음악에 맞추어 방송 댄스를 추는 사람들. 제각기 건강을 지키려고 부지런히 움직인다. 요즘엔 맨발 걷기가 유행이라 맨발로 걷는 사람들도 심심찮게 볼 수 있다.
 산에 오가며 등산로에서 만나는 사람들이 친숙하게 느껴진다. 벤치에 앉아 쉬고 있으면 옆자리에 앉아 계시던 할머니들이 말을 걸어오신다. 말동무 삼아 이런저런 얘기를 나누기도 한다.
 정상에 오르면 원미 산이라 새겨진 바위 앞에서 인증 샷을 찍는다. 나름 규칙적으로 실천하는 내 노력의 기록이다.
 원미산은 높이가 낮지만, 사방으로 넓게 퍼져 있다. 가톨릭대 입구에서 출발해서 반대 방향으로 내려가면 부천종합운동장으로 쉽게 갈 수 있다. 원미 산을 통하지 않고 돌아서 가려면 꽤 먼 거리이다.

봄에는 진달래가 흐드러지게 피어 군락을 이룬다. 때맞추어 진달래 축제가 열리고 많은 사람이 꽃을 보려고 원미 산을 찾는다. 시에서 주관하는 연례행사인데 부천시가 평소 시민들을 위해 여러 가지 일을 하는 것 같다.

 부모님 집에서 독립하여 부천에서 거주한 지도 벌써 6년이 되었다. 부천은 편의시설이나 상권 등이 잘 갖춰져 있어 살기 편하다. 서울에서 가까우면서 집값도 비싸지 않아 서울로 출퇴근하는 사람들이 많다. 나도 노량진으로 출근하고 있다.

 원미 산을 올랐다가 내려오면 보통 혈당이 50 정도는 떨어진다. 조심해야 할 것은 저혈당이 올 때 대비해서 당분을 보충할 수 있는 사탕이나 초콜릿 등을 몸에 지녀야 한다는 것이다.

산 중턱에서 저혈당이 오면 다른 방법이 없으므로 반드시 단것을 챙기는 것이 필요하다.

 원미 산에 오르면서 근력이 향상되었고 당 수치도 많이 개선되었다. 그뿐만 아니라 기분전환도 되고 긍정적인 에너지를 얻을 수 있어 일석이조—石二鳥가 아닐 수 없다. 집 가까운 곳에 오르기에 적당한 원미 산이 있어 참으로 고맙다.

문학기

그 사람을 가졌는가
성취하는 기쁨
초극하는 삶
사랑의 회복

내 안에 바위 되신 하나님이 있고, 바위를 믿고 의지하면 내가 바위인 것처럼 죽음이라는 현실을 초극하는 삶을 얼마든지 살 수 있다.

그 사람을 가졌는가

만 리길 나서는 길
처자를 내맡기며
맘 놓고 갈만한 사람
그 사람을 그대는 가졌는가

온 세상 다 나를 버려
마음이 외로울 때도
'저 맘이야'하고 믿어지는
그 사람을 그대는 가졌는가

탔던 배 꺼지는 시간
구명대 서로 사양하며
'너만은 제발 살아다오'할
그 사람을 그대는 가졌는가?

―함석헌 「그대는 그 사람을 가졌는가?」 1~3연

 딸들이 대학생이 되었지만, 해외로 나가본 적이 없었던 것을 아내는 마음 아파했다. 또 아내도 지중해 바다를 평생 한 번이라도 보고 싶다고 했다. 그러던 어느 날 드디어 기회가 왔다.

 처조카가 이탈리아에서 성악으로 7년간 박사과정을 공부 중이었는데, 귀국한다는 것이다. 이 기회를 놓치면, 영원히 지중해를 여행할 기회가 사라질 것 같았다. 마음이 급해졌다.

아내에게 함께 여행하면서 안내를 해줄 수 있는지 처조카에게 연락해서 알아보라고 했다. 다행히 박사논문 마무리 단계인데도 시간을 내줄 수 있다는 대답을 받았다.

나는 아내에게 이 좋은 기회를 놓치지 말고, 두 딸과 다녀오라고 얘기했다. 넉넉지 못한 살림에 많은 돈이 들어가면, 아내가 안 간다고 하기가 쉬운 상황이었다. 빚을 내서라도 갔다 오라고 했다. 오랜 경험으로 기회가 왔을 때 무슨 일이든 해야지, 나중에는 그런 기회가 없어 후회했던 때가 많았기 때문이다.

여행을 준비하던 중에 기적이 일어났다. 아내의 형편을 아는 아내 친구가 선뜻 500만 원을 내놓았다. 부모나 가족도 쉽지 않은 우정 어린 감동의 선물이었다.

친구의 기적은 나에게도 일어났다. 아내의 여행 준비 중에, 나는 오랜만에 고등학교 때부터 친한 한 친구를 카페에서 만나 이야기를 하다가, 무심코 아내의 친구 얘기를 하게 되었다. 잠깐 다녀오겠다고 하면서 친구가 카페를 나갔다. 얼마 후 돌아온 친구는 돈 봉투를 내밀었다.

"나도 친구인데 가만있을 수 없구나! 한기야, 나도 500만 원 보태줄게" 하였다. 나는 어떻게 이런 일이 나에게도 일어날 수 있는가! 하는 생각이 들었다. 그래서 "어떤 마음이기에 이럴 수가 있는 거니?" 하고 나는 물었다.

"조금 있는 친구가 없는 친구가 필요해서 돕는데, 그걸 가지고 뭘 그러냐" 하면서 당연한 일을 하는 것 같은 표정을 지었다.

그때 내 눈에 들어온 한 가지 물건을 보고 한층 더 눈에 감동의 눈물이 솟아났다. 그것은 나도 스마트폰을 쓰는데 친구의 골동품 같은 폴더폰이 눈에 보였다.

이렇게 하여 두 친구가 준 돈 천만 원과 약간의 집에서 마련한 돈으로 아내와 두 딸은 이탈리아 17박 18일 여행을 떠났다. 여행경비 거의 전부를 천사들의 손길로 다녀오게 된 것이다.

불의의 사형장에서
'다 죽여도 너희 세상 빛을 위해
저만은 살려두거라' 일러줄
그 사람을 그대는 가졌는가

잊지 못할 이 세상을 놓고 떠나려 할 때
'저 하나 있으니….' 하며
빙긋이 웃고 눈을 감을
그 사람을 그대는 가졌는가
온 세상의 찬성보다도
'아니'하고 가만히 머리 흔들
그 한 얼굴 생각에
알뜰한 유혹을 물리치게 되는
그 사람을 그대는 가졌는가?
  -함석헌 「그대는 그 사람을 가졌는가?」 4~5연

이 두 친구에 대한 고마움은 죽어서도 잊지 못할 것 같다. 이런 친구가 있어서 앞으로 살아가는 동안, 어떤 어려움이 있어도 이겨 나갈 수 있을 것 같다. 정말로 하나님께 감사할 일이다. 이런 친구는 인생에 있어 그 무엇과도 바꿀 수 없는 큰 자산이고 자랑이라는 생각이 든다. 나도 친구의 베푼 은혜에 보답하는 사람이 되면서, 누구에겐가는 이런 친구가 되어야지 하고 다짐해 본다.

성취하는 기쁨

삼성의 초기 임원이었던 분으로부터 삼성반도체가 어떻게 시작되었는가에 대한 이야기를 들었다.

이건희 회장은 앞으로 삼성이 세계 제일의 기업이 되려면 기업의 역량을 반도체에 집중해야 하고, 임원 회의를 열어 의견을 물었다. 임원들은 반도체 사업의 위험성과 여러 이유를 대며 반대했다.
그럼에도 불구하고 이건희 회장은 독단적 결단으로 세계적인 반도체기업이라는 목표에 혼신을 다했다. 그래서 세계 제일이라 할 수 있는 반도체기업 삼성을 만들 수 있었다.
역시 지도자는 미래를 내다보는 선택과 집중이 필요하구나라고 생각했다.

나도 비슷한 경험이 있었다.
침례교는 2천여 교회 목사님들이 참석하는 총회를 연 1회, 9월에 3박 4일에 걸쳐서 한다.
2016년 총회는 인천에서 하기로 예정되어 있었다. 나는 부천·인천 지역 127개 교회 연합회장직을 수락하고 총회를 준비하게 되었다.
그때는 인천총회에 대해 연합회 내에서는 총회 개최에 대해 부정적 의견이 많았다. 127개 교회 중에 10여 교회만이 찬성하고 협조하는 분위기였다.

당연히 1억 이상의 경비가 드는데, 교회 협조금은 4,400만 원밖에 모으지 못한 아주 절망적인 상황이었다.

나는 총회의 성공적 개최를 위해 혼신을 다하기로 결심하고, 이 목표에 집중했다. 목표를 이루기 위해 기도하고 최선의 노력을 경주하였다. 성경에 언급된 "한사람이 천을, 두 사람이 만을 이긴다"라는 집단 지성의 힘을 끌어올려 최고의 총회가 되도록 동분서주했다.

그 결과 인천시에서 전폭적인 지원을 하였고, 송도 컨벤시아 회의장 사용료도 50% 할인해 주시기로 했다. 모래와 같던 127개 교회도 찰흙처럼 뭉쳐 일억 칠천여만 원의 총회 경비를 모았다. 덕분에 106차의 총회 중에서 최고의 성공 총회가 되었다. 이때 불가능이 가능케 되는 성취의 기쁨을 경험하게 되었다.

이것이 가능했던 이유는 분명한 목표와 집중의 결과라는 생각이 든다. 24시간 총회의 성공만을 생각하며 살았다. 문제가 생기면 그 문제를 해결하는 지혜를 하나님께 구하며, 밥을 먹을 때나 잠잘 때도 나의 모든 시간이 지혜를 찾고 구하고 총회의 성공만 생각했다.

매일 총회 스케줄과 진행 상황을 점검하고, 최고의 총회 행사가 되도록 수없이 머릿속으로 상황을 시뮬레이션하면서 실수가 없이 완벽하게 진행되도록 힘썼다.

총회를 다 끝내고 어느 날 내 마음속에서 "돌아보면 나를 돌보지 않고 총회 성공만 보고 달려왔구나! 라는 생각이 들었다.

그래서 자신도 모르게 스스로에게 위로의 말을 하게 되었다. "힘들었지! 네가 얼마나 힘들었는지 내가 알아! 내가 너를 돌보지를 못해 미안하구나!" 이 말을 하는데 복받치는 기쁨 섞인 위로의 눈물이 나도 모르게 쏟아졌다.

어니스트 헤밍웨이의 '킬리만자로의 눈'을 보면 이런 글이 나온다.
"킬리만자로는 해발 19,298피트의 눈 덮인 산으로 아프리카에서 가장 높다고 한다. 서쪽 봉우리 가까운 곳에 얼어서 말라붙은 표범의 사체가 있다. 이 표범이 무엇을 찾아 그 높은 곳에 왔는지는 아무도 그 이유를 알지 못한다."

이 표범은 왜 이곳에 왔을까? 이 표범은 별을 가장 가까이 볼 수 있는 이곳을 목표로 선택했고, 온 힘을 다해 이 산을 오르고 또 오른 것은 아닐까? 마침내 정상에 서서 환희의 포효를 외치며 이곳에서 죽어간 것이 아닐까? 표범처럼 목숨을 버릴만한 가치를 찾고 성취한다면 우리는 절정의 기쁨을 맛보게 될 수 있지 않을까?

초극하는 삶

 요즈음 날씨는 비 오다 맑다가, 폭우가 쏟아지는 등 변덕이 심하다. 목요일에 아침 족구를 하기 위해 백학초등학교 근처 족구장으로 출발했다. 친구 목사님 차로 상동에서 출발했는데, 맑은 날씨가 갑자기 어두워지더니 근래에 보기 드문 폭우가 내렸다.
 그런데도 우리 일행의 마음은 항상 그랬듯이 흔들림이 없었다. 목적지에 도착해서 비를 피할 수 있는 전천후 족구장에서 운동하고, 식사하며 은혜로운 교제를 하게 되었다.

 선배 목사가 이렇게 말을 시작했다.
 "트럼프 미 대통령 후보가 암살범의 총탄에 귀를 맞고 피가 철철 나는데도 귀를 싸매고 의연하게 파이팅을 외치며 선거운동을 계속하는 것을 보니 참 대단하더라."
 이어서 자신이 경험한 이야기를 시작했다.
 "신학 동기로 목회하는 윤 목사님이라는 분이 있어. 서울에서 10만 명 대형목회를 하고 있지! 어느 날 그 교회 예배에 참석하게 되었는데 설교 중에 한 남자가 칼을 옆구리 차고 손도끼를 들고 강단에 올라가려고 했어. 성도들이 제지하자 그 남자는 도끼를 목사님에게 힘껏 던졌어.
그것은 다리에 맞아 목사님은 뼈가 드러나고 피가 솟구칠 정도로 상처를 입었어. 성도들은 병원에 가서 치료받아야 한다고 하는데 거절하고, 손으로 지압하며 끝까지 설교를 마치고 쓰러졌어.

그 자리는 곧 예배드린 모든 성도의 울음바다가 되었지. 나도 그 자리에서 주님 사랑을 전하다 죽으면 죽으리라는 말씀을 전하는 모습을 보고 큰 감동을 받았지."

선배 목사님의 말씀을 들으며 최근에 감상했던 시가 생각났다.

내 죽으면 한 개 바위가 되리라.
아예 애련(愛憐)에 물들지 않고
희로(喜怒)에 움직이지 않고
비와 바람에 깎이는 대로
억년(億年) 비정(非情)의 함묵(緘默)에
안으로, 안으로만 채찍질하여
드디어 생명도 망각하고
흐르는 구름
머언 원뢰(遠雷)
꿈꾸어도 노래하지 않고
두 쪽으로 깨뜨려져도
소리하지 않는 바위가 되리라.

-유치환 「바위」

아예 애련(愛憐)에 물들지 않고 희로(喜怒)에 움직이지 않고 두 쪽으로 깨져도 소리하지 않는 바위가 되리라는 시인의 마음이 느껴졌다.

나에게도 이런 죽음을 초월한 현실을 극복하는 바위의 경험이 있는가를 돌아보았다.

75세인 권 집사님이 계셨다. 집사님은 공무원으로 은퇴하고, 운동 겸 소일거리로 재활용품을 수거하셨다. 어느 날 그 아들로부터 전화가 왔다. 아버지가 쓰러지셔서 119로 급하게 실려 갔다는 것이다.

부천 세종 병원으로 달려가 보니 중환자실에서 막 수술실로 가려는 순간이었다. 집사님 눈빛을 보니 "목사님 살려주세요"라고 말하는 듯했다.

수술 후 집사님은 의식을 잃었고, 인공호흡기로 달고 식물인간으로 지냈다. 중환자실에 있으면서 그를 위해 내가 아무것도 도울 수 없는 무력감에 많이 힘들었다. 나는 혼자 또는 집사님들과 매일 가서 회복을 위해 기도해 드렸다.

두 달째 되던 날, 의사는 가망이 없다고 가족들에게 호흡기를 떼는 것을 권유했다. 아들은 "내가 어떻게 호흡기를 떼나. 아버지를 죽이는 것인데…. 하며 울면서 괴로워하였다.

호흡기를 떼려고 예정했던 전날에 기적이 일어났다. 권 집사님이 깨어나신 것이다. 회복도 빨라서 일주일 만에 퇴원하게 되었다. 집사님은 퇴원 후 건강한 모습으로 아들 가족과 행복하게 지내다가 7년 후 하늘나라로 가셨다.

성경은 하나님을 "반석이요 피할 바위이시라(시편 18편 2절)"라고 한다. 나는 바위가 되고 싶어도, 큰일이 닥치면 바람에 요동하는 바다 물결처럼 마음이 흔들린다.
그러나 내 안에 바위 되신 하나님이 있고, 바위를 믿고 의지하면 내가 바위인 것처럼 죽음이라는 현실을 초극하는 삶을 얼마든지 살 수 있다는 것을 알게 되었다.

사랑의 회복

벌써 이십 년 전의 일이다. 오랜 목회자 부부 모임에서 2박 3일 대둔산 여행을 출발하는 날이었다. 아침에 갑자기 아내가 누워 꼼짝 못 하고, 허리의 심한 통증을 호소했다.

걱정스러운 마음에 아내의 증상을 근거로 인터넷을 검색하였다. 자궁암인 것 같았다. 불안이 파도처럼 밀려왔다.

여행을 취소하고 급히 부천성모병원으로 아내를 데려갔다. 초음파검사에서 자궁근종이 발견되어 조직검사를 받게 되었다. 검사 결과는 일주일 후에 나온다고 하였다. 가슴이 바짝바짝 타들어 갔다.

평소 건강했던 아내가 저렇게 고통스러워하는 걸 보고 있자니 시간이 갈수록 자궁암이라는 확신이 들었다. 충격으로 머릿속이 하얗게 되었다.

"나는 아내 없이는 못 사는데"라는 생각이 들면서 슬픔과 절망감이 밀려왔다. 아내의 죽음과 이후에 대한 상황이 눈에 그려졌다. 눈물이 주룩주룩 소낙비처럼 흘러내렸다.

새벽기도를 마치고 집에 돌아와 잠들어 있는 아내를 지켜보면서 지난날을 돌이켜보았다. 목회 외에는 아무것도 생각하지 않았던 외골수의 생활이었기에 아내의 필요에 거의 무신경한 삶을 살았다. 그래서 아내와 추억이란 것이 별로 없었고 고생만 시켰다는 생각이 들었다. 특히 아내는 가족 여행이 소원이었는데 나는 그런 일에 시간을 쓰는 것은 아깝다고 여러 번 거절했던 것이 생각났다.

아내가 죽는다는 상황이 깊은 자기성찰의 시간을 가져다주었다. 아집에 빠져 살아온 나의 내면에서 이기심의 돌덩어리가 발견되고, 그것이 죽음이라는 슬픈 현실 앞에 산산이 깨어지고 있었다.

아내의 헌신적인 사랑을 깊이 깨달을수록, 지난날에 대한 후회와 자책의 농도는 짙어졌다. 고생만 한 누워있는 아내를 보면서 나는 하염없이 눈물을 흘렸다.

문득 깨어난 아내가 왜 그러냐고 놀라서 물었다. 당신에게 아무것도 해준 것이 없는데 당신이 암으로 죽게 되면 불쌍해서 어떻게 하나 하는 생각이 들어 눈물이 난다고 하였다.

아내도 통증이 심해서 암이 아닐까? 죽음이 현실이 되면 어떻게 할까? 하는 불안한 마음이 있었던 것 같았다. 우리는 말기 암 선고를 받고 절망하는 사람처럼 서로 끌어안고 울면서 기도했다.

"제가 죽으면 남편이 후회와 자책으로 힘들어할 텐데 그러면 너무 불쌍합니다. 이번에 조금이라도 수명을 연장하여 주셔서 남편이 더 많이 저를 사랑할 시간을 주세요."

죽음 앞에서도 홀로 남을 남편을 걱정하는 아내의 기도 소리를 들으면서 나의 눈물은 그칠 줄 몰랐다. 나는 이번에 아내를 살려주시면 더는 마음 고생시키지 않고 사랑하며 살겠다고 하나님께 서원 기도를 했다.

검사 결과를 기다리는 일주일은 지옥을 통과하는 것처럼 고통스러운 시간이었다. 다행히 악성이 아닌 자궁근종이었고, 수술도 성공적으로 끝났다. 십년감수한 심정이었다.

이 일은 내가 얼마나 자기중심적인 사람이었는지, 교회 사역을 한다고 가족에게 무심했었는지를 돌아보게 하고, 아내를 향한 삶의 태도를 바꾸는 계기가 되었다.

자궁암으로 아내가 죽을 것이라는 상황은 우리 부부가 모든 갈등을 해소하고, 서로 마음을 알고 사랑하게 하는 촉매제가 되었다. 또 서로의 소중함을 알고 사랑의 힘으로 서로를 붙들어주는 계기가 되었다.

신용택

수도산 마을 풍경
은색 줄 시계
식혜
아버님께

우리 오 남매가 오순도순 살았던 충청도의 내 고향 마을은 수도산을 중심으로 나지막한 산들이 한 폭의 동양화처럼 둘러싸여 조용하고 아늑한 동네였다.

수도산 마을 풍경

21세기 글로벌 시대를 살면서 6.70년대 옛이야기를 한다면 고리타분하다고 할까.

그리운 시절, 우리 오 남매가 오순도순 살았던 충청도의 내 고향 마을은 수도산을 중심으로 나지막한 산들이 한 폭의 동양화처럼 둘러싸여 조용하고 아늑한 동네였다.

또한 수도산에는 상수도 배수지配水池가 설치되어 있어 언제나 시원하게 콸콸 흘러 내려오는 물 많고 공기 좋은 곳이었다.

산골짜기 중허리에는 큰 물웅덩이가 있어서 윗동네에 살던 사람들이 빨래터로 애용했고 나도 옆구리에 빨랫감을 담은 세숫대야를 끼고 계곡을 거슬러 올라가던 때도 종종 있었다.

한여름 가뭄이 심할 때도 마을주민들은 가뭄을 몰랐다. 특히 우리 집에는 둥근 노깡(토관土箵) 열 개를 묻어 만든 깊은 우물이 있어 언제나 물이 넘쳐났다. 여름에는 시원하고 겨울에는 따스한 우물로 하여 그동안 불편함을 모르고 살았기에 늦게라도 부모님께 감사 인사를 드리고 싶다.

여름에는 우물 속에 김칫독을 넣은 그물망을 매달아 놓았다. 무더위에 김치가 쉬는 것을 막기 위해 우물은 최고의 천연 냉장고가 되어 주었다. 아마도 그때의 김치 맛은 전기냉장고와는 비교가 되지 않을 만큼 단연코 최고였다.

그러나 가끔 김칫독이 두레박줄에 걸려 넘어져서 하루 이틀은 김치 냄새가 밴 물을 먹을 수밖에 없었다.

어린 시절 제일 무서웠던 기억은 아버지의 우물 청소였다. 깨끗한 식수를 얻기 위해서 우물은 주기적으로 물때를 닦아내야 했고 그동안 실수로 빠뜨렸던 작은 물건도 모두 건져내야 했다.

물을 충분히 퍼내기는 했지만 체구가 작은 아버지가 열 길 깊은 우물 속으로 들어가 바닥 청소를 하는 것은 너무 위험해 보였다. 내 가슴은 콩닥콩닥 뛰었다. 아버지가 다시 올라오시기 전에 혹시 무너지지 않을까 하는 염려가 있었기에 내내 불안했던 것이다.

그래서 양다리를 벌려 이쪽, 저쪽 번갈아 천천히 짚어가며 나오실 때는 안도의 숨을 크게 쉴 수가 있었다.

지금은 시골에서도 흔치 않은 우물이어서 체험해 볼 수 없어 아쉬움이 남는다. 아쉽다.

앞으로 미래에는 물도 사 먹을 것이라고 하셨던 선생님과 펌프는 주로 마중물에 비유하며 좋은 예를 들고 있지만, 그때의 시원하고 맑은 물로 부족함 없이 풍족했던 그 시대가 그리워지고 더불어 부모님을 생각하며 떠올려본다.

은색 줄 시계

흰쌀밥에 고기 없는 미역국.

해마다 돌아오는 오 남매의 생일에 빠지지 않고 챙겨주시는 아침 특식이다.

평소 보리를 한 솥 삶아 두었다가 끼니때마다 조금씩 쌀을 섞어 밥을 짓지만 이날만큼은 보리가 들어가지 않은 하얀 쌀밥을 지어 주신다.

먼저 우리 집의 가장인 아버지의 커다란 밥공기를 먼저 푸고, 다음 차례는 평소 나이순이 아니라 생일을 맞은 자의 밥공기부터 담는다. 순위가 바뀌는 혜택이 있고 점심은 특별식인 라면을 끓여주며 장수를 기원한다.

최소한 그날만큼은 기분 좋게 하루를 보내도록 어떠한 잘못을 했더라도 모르는 척 눈감아 주는 혜택까지 엄마는 베풀어 주셨다.

또한 엄마는 봄이나 늦가을이 되면 동네 과수원에서 일하고 받은 임금으로 생일선물도 잘 챙겨주셨다.

언니와 나는 나이는 차이가 나지만 생일은 하루 차이다. 한 번도 잊지 않고 챙겨주던 엄마가 그날은 언니 생일을 오전에 깜빡하셨다. 하루도 아닌 반나절을 잊고 있었음에도 엄마는 얼마나 속이 상하셨는지

"내가 다 됐는가 보다. 너희들 생일도 잊어버리다니…."

하시면서 눈물을 흘리셨다.

그러면서 안방에 들어가 서랍을 열어보면 앞부분에 뭐가 있을 것이니 나보고 가져오라 했다. 방에 들어가 열어보니 앞부분에 사각형의 선물이 두 개 있었다. 하나를 집어 들어 먼저 갖다 드리고 또 하나는 뭐냐고 물으니 엄마는 "에고, 들켰네" 하고 웃으시며 내일 주려 했는데 어쩔 수 없이 오늘 줘야겠다며 가져오라고 하셨다.

뜯어보니 언니와 똑같은 은색 줄의 시계였다. 내일이 내 생일이라 미리 준비한 선물인데 이미 알았으니 할 수 없다며 잘 쓰라고 건네주셨다. 그러면서도 언니에게 미안한 마음이 드시는지 조용히 훌쩍이셨다. 아마도 맏이인 언니의 그동안의 노고에 가슴이 아프셨나 보다.

난 순간에 잡채를 만들고 계신 엄마에게
"엄마, 실수하신 것은 괜찮은데요, 지금 참기름 넣는 것은 실수해도 괜찮대요."
라고 슬쩍 농담을 건네자 엄마는 "에고 요것이." 하며 웃음을 터뜨리셨다.

침울했던 분위기가 순간 환하게 바뀌었다.

식혜

"식혜 있어요. 드실래요?"

평소 좋아하지 않는 것 같은데, 큰딸이 얼마 전부터 식혜를 자주 찾는다.

딸은 아침 일찍 나갔다가 지친 몸을 이끌고 귀가하는 엄마를 챙겨주고 싶은가 보다. 나도 딸이 좋아하는 음료를 나눠 마시면 피로를 풀 수 있어 좋기는 하지만, 식혜가 다른 음료에 비해 조금은 고가라서 미안했다.

그래서 시중 상품보다 비록 맛은 덜할지 몰라도 직접 만들어 먹고 싶다는 생각이 들었다.

예전에 해본 경험이 있어 가루를 찾았지만 보이지 않는다. 언젠가 사 두었던 것을 기한이 지났다고 나 없는 사이에 내다 버렸나 보다. 때마다 쪼르르 마트에 달려가는 것을 싫어해서 나는 식자재들을 미리 사다 놓고 시간 될 때, 또 하고 싶을 때 요리를 하는 편이다. 그런 엄마의 성격을 알면서도 물어보지도 않고 버렸다고 생각하니 마음이 불편해졌다.

당장 사러 나가기도 귀찮고, 더구나 밤 깊은 시간이어서 다음날을 기다려야 했다.

식혜는 가루의 양에 따라 식혜가 진하고 맛이 깊어진다.

맛나게 맛있게 맘껏 마시길 바라는 마음으로 각 1kg씩, 가루 두 봉지, 찹쌀 한 봉지, 황설탕 두 봉지를 샀다. 시작도 안 했는데 벌써 엔도르핀이 도는지 기분이 좋아졌다. 몇 년간 공백이 있어 우선 맛보기로 조금만 해보기로 했다.

물에 담가 한참을 불린 다음, 채에 걸러 앙금이 가라앉길 기다렸다. 동시에 찹쌀을 씻어 살짝 불린 후 채반에 올려놓고 밥을 쪘다. 다 된 찹쌀밥에 가라앉은 식혜 물을 가만히 부어 보온에 놓고 기다린다. 이제 동동 뜨는 찹쌀 밥풀떼기를 보고 어느 정도 삭았다고 생각될 때 다른 용기에 옮겨 끓이면 된다.

밥솥에 보통 밥하듯이 한 밥보다는 찐 밥이 더 맛나다고 하여 예전 아버님께 해 드렸던 것처럼 사랑하는 우리 가족을 위해서도 해주고 싶었다. 당시에는 내 가족보다 우선 시댁 부모님께 최선을 다하려 보니 내 가족은 사실 소홀했다. 세월이 지나 이제 내 가족이 누구보다도 더 제일 소중하다는 것을 늦게 알았으니, 이번에는 꼭 해주고 싶었다.

시간이 지나 밥알이 동동 뜨는 것을 확인하고 바로 들통에 넣어 끓였다.

요즘은 건강을 생각해서 단 음식을 피하는 추세이고, 또 끓일 때 단맛이 덜해야 식었을 때 맛이 알맞다는 조언도 참고하여 적당량의 황설탕으로 마무리했다.

맛을 본 남편과 딸에게 일품一品으로 인정을 받으니 정말 기분이 좋다. 식구들이 나고 들며 한 잔씩 하고 나니 벌써 바닥이 보인다. 다음에는 더 많이 만들어서 가까운 지인들에게도 나누어 주어야겠다고 생각한다.

아버님께

아버님, 저예요!!

참 오랜만이죠?
그동안 어떻게 지내셨는지요? 오늘같이 푹푹 찌는 폭염 날씨에 거기는 괜찮으세요? 아마도 한쪽이 찢겨 나간 조그마한 부채로 슬슬 부치며 "가만히 있으면 괜찮다" 하시고, "이런 것도 못 참으면 세상을 어떻게 살겠니?"라고 하시겠지요? 척 하면 알지요.

아버님, 너무 오랜만에 안부 인사를 드리려니 맘이 설레네요. 그동안의 세월이 벌써 2년처럼 뚝딱, 아니 강산이 두 번은 바뀔 듯한데 제게는 엊그제 일처럼 느껴져서, 세월은 유수같이 제 마음과는 다르게 흘러만 갔네요. 제 맘속엔 언제나 늘 엊그제 일처럼, 고스란히 하나하나 차곡차곡 쌓여 있는 상태인데 아버님은 그리 기억나지 못하실 것 같기도 하네요.

그동안에 아버님과 지냈던 일들을 들려 드릴까요? 유치원 다닐 즈음, 두 딸에게 고사리 같은 손에 쥐여 보낸 식빵과 시원한 냉수 한 주전자. 식빵이라야 고작, 시간 차 버스로 시골 들어갈 때 슈퍼에 들러 사던 한 봉지의 빵이었죠. 그걸 구워 달걀을 풀어 얹고 설탕 한 줌 술술 뿌려 만든 볼품없는 빵이었지만, 들에서 들어오시면 두 손녀가 들고 온 빵을 맛나게 드셨다며 흐뭇해하시던 일이 생각납니다.

아버님 힘드시다고 고사리 같은 손으로 어깨를 토닥토닥해 드리라 하자, 몇 번을 토닥거리더니 바로 아버님 앞에 납작 엎드려 "이제 나도 두드려 달라"고 하던 일. 허허 웃으며 "몇 번을 했다고~." 하시며 껄껄 웃음을 짓던 일.

훗날 9년이 흘러 셋째가 둘째와 똑같은 행동을 할 때, 마치 세상에 없었던 셋째가 그 마음을 알고 자라난 것처럼, '이심전심이 통한 건 아닐까'란 생각도 들었지요.

아버님,
이제 며칠 지나면 추석이 다가오네요. 보름달이 휘영청 달 아오를 때 아버님과 짧은 추억은 지금까지도 제게 영원히 큰 일처럼 느껴지는 세월이 되었지요. 그때가 제 나이 한창일 때 였는데, 지금은 벌써 한 바퀴 돌아 인생을 다시 살아가야 하는 나이가 되었지만, 그날의 일들을 떠올려 볼게요.

유심히 시계를 자주 들여다보던 아버님. 아버님과 마루에 함께 앉아 주거니 받거니 하던 이야기들. 아직도 기억이 생생합니다. 행동 하나하나까지 잊히지 않습니다.

건강이 좋지 않으셔서 뭔가를 드시면 금방 토하실까 봐 드시지 못했던 일, 그래도 제 앞에선 토하지 않은 아버님.

마음이 통했는지, 야심한 시간에 배고프다며 라면을 끓이자 함께 드시겠다고 하셨을 때. "속이…." 하고 말끝을 흐리셨지만, 괜찮을 거라며 우선 한 그릇을 펴놓고 제가 맛있게 먹자 "나도 한 젓가락 다오." 하셨던 아버님. 그렇게 한 그릇 퍼 드렸더니 드시고도 토하지 않으셨어요.

수돗가에서 앉아 일하고 있을 때, 아무도 없는 뒤꼍에서 불이 갑자기 밝게 켜져 깜짝 놀란 토끼처럼 껑충 뛰어올라 마루에 털썩 주저앉았던 저를, "괜찮다, 고양이가 지나갔을 거다.

내가 있으니 무서워 마라." 하시던 그 말씀이 내내 위안이 되었고, "지금처럼 열심히 살아줘서 고맙다."라고 하시던 말씀처럼, 평생을 살아가는 데 큰 위안이 되었습니다.

아버님과 이러한 일들이 왜 이렇게도 잊히지 않는지 지금도 모르겠습니다. 지금 생각해 보면, 아버님께 저는 다른 분에 비해 두 곱으로 행동했는가 봅니다. 누가 뭐라든 아버님을 생각하는 그 마음은, 지금 돌이켜 봐도 진심이었던 것 같아요.

조금은 이상하게 들리실 지도 모르지만, 의료원 응급실에서 관장하실 때 제가 손을 잡아드렸던 일, 조그만 화장실에 함께 들어가 휴지 두어 장 끊는 아버님께 "좀 더 많이 뜯어 쓰세요." 했던 일……. 지금 생각해 보면 며느리가 왜 거기까지? 싶지만, 저도 잘 모르겠습니다. 왜 그랬는지.

다만 그 이후로, 아버님은 제게 진심을 많이 나누셨지요. 한 귀로 듣고 한 귀로 흘린 척했지만, 아버님은 제게 꼭 하고 싶은 말씀이 많으셨던 것 같습니다. 그것이 뭔지는 살아 보니 알 것 같아요.

아버님,

그렇지만 한 가지 말씀드리고 싶은 게 있어요, 아버님이 평소 제게 해주시던 말씀들. "열심히 살아줘서 고맙다."는 그 인정과 용기. 그 감사한 마음에 보답하고자 저도 열심히 살았던 것 같아요. 아버님도 가장으로서 무거운 어깨로, 어려운 살림에 여섯 남매를 키우시며 고생하셨잖아요. 그 세대 부모님처럼 저도 최선을 다해 살아가고 있습니다.

아무튼 아버님,

다가오는 추석에 다시 뵙길 바라며, 멀리서 오시는 만큼 조심해서 오셔서 우리 사는 모습 어떤지 한번 봐주세요.

그때 세 살이던 귀한 막둥이 손주, 등을 긁어 주시며 가시던 그 아이가 이제는 국방의 의무를 마치고 어엿한 성인이 되어 열심히 살아가고 있으니, 오시면 꼭 한번 보셔요.

  그럼, 그때 뵙길 바라며 오늘은 이만 줄일게요.

  안녕히 주무세요, 아버님.

  2025년 을사년 칠월에

  이승에서 큰며느리 올림

이관수

거울 보기
나를 존중하는 독서
미소의 선물
법칙과 약속

우리는 수많은 거울들을 마주하며 살아간다. 어떤 거울은 내 얼굴의 밥풀 하나까지, 어떤 거울은 한 가닥 미움까지 있는 그대로 보여준다. 우리는 거울 덕분에 나를 바로 보고 단정해지며, 마음이 사랑으로 채워진다.

거울보기

　우리는 수많은 거울을 마주하며 살아간다. 어떤 거울은 내 얼굴의 밥풀 하나까지, 어떤 거울은 한 가닥 미움까지 있는 그대로 보여준다. 우리는 그런 거울 덕분에 몸을 단정히 하고 흐트러지는 마음을 바로잡을 수 있다.

　강원도 강릉 해안경비대에서 행정병으로 복무하고 있는 작은아들 면회를 하러 갔다. 그곳의 근무 여건은 참으로 열악했다. 수돗물이 나오지 않아 물통으로 물을 떠 날라야 하니 더운 날씨에도 세수조차 맘 편히 할 수 없고, 숙소는 덥고 바닷가 모기는 어찌 독한지 잠자리도 불편하다고 한다.
　함께 간 아내가 정성 들여 준비한 음식을 허겁지겁 먹는 것을 보니 안쓰러웠다. 내가 강원도 철원의 철책에 배치되고 부모님들이 첫 면회를 오셨던 때가 문득 생각났다. 음식을 정신없이 먹는 나의 모습을 보고 어머님이 눈물을 훔치시던 모습이 떠올랐다.

　어느덧 아들이 군 복무 1년이 되었을 때 15일간의 정기휴가를 나왔다. 전에 두어 번 사나흘씩 휴가를 다녀갈 때는 친구들과 약속 잡기 바빴었다. 이번에는 오자마자 걱정거리가 있다고 했다. 해병대를 제대한 형에게 먼저 상의해보라고 했더니, '육군 문제는 육군끼리 해결하라.'고 했다고 한다. 괘씸했지만 한편으론 맞는 말이라 작은아들의 이야기를 들었다.

군 생활의 불편함은 다 함께 겪는 것이라 어느 정도 익숙해졌지만, 점점 더 힘들어지는 것은 함께 일하는 한 장교 때문이라고 했다. 일을 힘들게 시키는 것도 그렇지만 그는 말을 거칠게 하고 툭하면 군홧발로 다리를 걷어찬단다. 휴가 나오기 며칠 전에는 술에 취해 이유도 없이 때리기까지 했다고 한다. 다음 날 왜 그랬냐고 물으니, 기억이 나지 않는다고 하는데 그때 정말 총으로 확 쏴 버리고 싶은 충동이 일어나더라고, 이런 일이 반복되고 있으니 혹시라도 사고 칠까 두렵다고 했다.

아들의 입에서 그런 이야기가 나오리라고 상상조차 못 했다. 군에서 사고는 대개 이러다가 나는데 아들이 이런 상황이라니, 이 이야기를 듣고 큰 충격을 받았다.

작은아들은 내게 해결방안이 없겠냐고 물었다. 아들의 간절한 눈빛에 나는 모든 문제는 그 안에 답을 품고 있으니 분명 해결책이 있다고 대답해 주었다. 아들은 답을 재촉했지만, 사실 나도 막막했다. 아들은 어지간히 절박한 심정이었는지 아무 데도 나가지 않고 자기 방에 있으면서 나의 답을 기다렸다.

지금의 환경에서 앞으로 1년 더 군 생활을 해야 하는 상황, 어떻게 하면 이 문제를 근본적으로 해결할 수 있을까?

곰곰이 생각하던 사흘 만에 한 방안이 떠올랐다. 대상을 거울로 해서 나를 비추어보는 것이었다. A4용지를 세로로 접어서 왼쪽 면에 그 장교의 문제점을 적게 했다. 아들은 그동안 쌓인 게 많았던지 앞뒤로 문제점을 가득 채워 적었다.

첫 번째 항목은 '함부로 욕을 한다'였다. 내가 조심스럽게 물었다.

"너, 그 사람한테 욕 많이 하지? 그 사람 앞에서는 못해도 안 보는 데서 동료들하고? 그렇지 않으면 속으로…."
"그렇죠. 그 장교가 욕하니까요."
"어떻든 너도 그 장교처럼 욕하네. 그러면 그 장교가 '함부로 욕한다.'하고 적은 오른쪽 빈칸에 '나도 욕한다'고 써라."
두 번째 항목은 '수시로 정강이를 걷어찬다.'는 것이었다.
"너도 그 사람 걷어차고 싶지? 총으로 쏴 버리고 싶다며? 네가 더하네. 그 항목 옆에 '나도 할 수만 있다면 걷어차고 싶다.'라고 써라"
나머지 항목들도 다 그렇게 해보라고 했다. 작은아들은 일주일 동안을 방안에 틀어박혀서 '나도 그렇다'를 채워갔다.
처음 며칠은 나는 그렇지 않다며 화도 나고 인정하고 싶지 않은 마음이 불쑥불쑥 치고 올라와 종이를 찢어버리고 싶은 충동도 있었을 것이다. 하지만 나의 조언과 군 생활을 잘 마치고 싶다는 간절함이 그를 붙들었을 것이다.
휴가 열흘째 되던 날 친구를 만나겠다고 나간다. 걱정되어서 다 됐냐고 물었다. '술 취해 때려놓고 난 다음 기억이 안 난다고 하는 것' 빼고는 '나도 그렇다.'는 것이 다 인정된다고 한다. '나도 그렇다.'는 것을 적고 나니 마음이 편해졌단다.
그 장교에 대한 지금 마음이 어떠냐고 물으니 막상 만나면 어떨지 모르겠지만 지금은 그 장교를 생각해도 마음이 편하다고 했다. 휴가를 마치고 귀대하는 날, 아들은 걱정하지 마시라는 말을 남기고 떠났다.
아내가 며칠 후 아들과 통화를 했다. 아들에 따르면, 복귀 다음 날 상부에서 업무 지시가 내려와 장교 한 명과 사병 한 명이 짝을 이루어 작업을 하게 되었단다.

욕하고 때리는 그 장교와 함께 일하기 싫어 모두 외면하고 있는데, 그 장교가 우리 아들을 함께 일할 병사로 지목해서 동료들이 걱정을 많이 해주었다고 한다.

 그런데 그 장교가 웬일인지 말도 친근하게 대하며 욕도 안 하고 걷어차지도 않았다고 한다. 오히려 일을 마치고 쉬고 있을 때 다른 장교들이 일을 시키려 하면 지금 나와 일을 하고 있다고 막아 쉬게 해주었다고. 그 장교 덕분에 어느 때보다도 마음 편하게 남은 1년을 보내고 군 복무를 마쳤다.

 제대 사흘 후 그 장교가 아들에게 전화를 걸어왔다. 대위로 진급하게 되어 휴가차 나왔으니, 밥을 사주겠다는 전화였다.

나를 존중하는 독서

책을 읽다 보면 누구나 한 번쯤 경험하는 현상이 있다. 책 내용과 관계없는 다양한 생각들이 시도 때도 없이 떠오르는 것이다. 이렇게 떠오르는 생각을 예로부터 '잡념'이라 이름 붙이고 독서의 중대한 방해요인으로 보았다.

이러한 판단의 바탕에는 책을 통해 얻는 지식과 정보는 나의 가치를 높여주지만, 잡념은 나의 가치를 떨어뜨린다는 생각이 깔려 있다. 과연 잡념은 독서를 방해하는 방해꾼이며 나의 가치를 떨어뜨리는 원수일까?

잡념이라 이름 붙여진 것들을 살펴보면 지난날의 즐겁고 아름다운 추억이나 마음 아픈 상처, 학교나 책에서 얻은 지식과 정보에 이르기까지 그 종류가 다양하다. 거기에는 누구를 미워한다거나 원망하는 모난 감정과 사랑하고 감사하는 둥근 감정도 그 안에 담겨 있다.

나도 오랫동안 책 내용과 관계없는 생각들이 책 읽기를 방해한다고 생각했다. 그러나 책 읽기의 과정을 관찰하니 잡념이 책 읽기를 방해하는 것이 아니었다. 잡념은 떠오를 조건이 되어 일어났다가 사라지는 것일 뿐이었다.

실제로 책 읽기를 방해하는 것은 떠오르는 생각들을 잡념이라 이름 붙이고 없애려 하는 나의 생각이었다. 잡념이라 이름 지어진 것들은 마치 내가 차를 몰고 목적지로 가는 도로 위에서 옆을 지나는 차들과 같다. 그 차들과 적당한 간격을 두고 안전하게 나의 갈 길만 간다면 무사히 목적지에 도달하게 될 것이다.

책을 읽을 때 갑자기 어제 먹었던 맛있는 음식이 생각났을 때 자연스럽게 그 생각을 하도록 놓아두고 그냥 책 읽기를 계속해 보았다. 음식 생각은 자연스럽게 사라지고 독서에 전혀 방해되지 않았다.

책을 읽을 때 갑자기 어릴 때 어머님과 놀러 갔었던 놀이공원이 생각나면 이번에는 그 생각을 하고 있다는 것을 알아차리고 잠시 그 생각을 따라가 보았다. 이것을 그 생각이 떠오른 글귀 옆에 그림이나 글씨로 기록해 보았다. 어머님과 함께 할 때의 따뜻한 감정이 되살아났다. 이렇게 떠오른 생각을 따라가거나 기록해 보니 나 자신이 존중받는다는 느낌이 들었다. 이렇게 하다 보니 나와 직접 관계없어 보이던 책 내용이 친근하고 따뜻하게 다가오는 것을 경험할 수 있었다.

모두 나의 생각과 감정인데 내가 지금 읽고 있는 책 내용과 관계가 없다는 이유만으로 나쁜 것이라 하는 것은 같은 사람인데 인종이 다르다고 차별하는 것과 무엇이 다를까?

나에게 일어나는 모든 생각과 감정들은 똑같이 소중하다. 물, 수증기, 얼음은 모양과 성질이 각각 다르지만, 본질은 모두 물이다. 잡념이란 이름을 붙여놓은 생각과 감정도 소중한 나의 마음이다. '잡념'이란 이름을 '소중한 나의 마음'이라고 바꾸고 책을 읽으니 새로운 세계가 열렸다. 책을 읽는 것이 나를 존중하고 사랑하는 일이 되었다.

미소의 선물

12년 넘게 함께했던 '요 미소'가 우리 곁을 떠났다. '미소'는 떠나며 죽음에 대한 새로운 관점과 질문들, '개에 대한 따뜻한 눈'을 선물로 주었다.

미소는 한 달밖에 안 된 어린 강아지로 우리 집에 왔다. 아내는 요크셔테리어 종이니 성씨를 요씨로 하고 이름을 '미소'로 해서 '요 미소'라고 부르자고 했다. 평소 우리 가족 모두는 '미소'라고 불렀다. 미소가 신발이나 다른 물건들을 물어뜯거나 방이나 거실에서 쉬를 할 때만 '요 미소!'라고 큰 소리로 부르곤 했다.

미소는 어릴 때부터 나이가 들어 떠날 때까지도 귀여웠다. 사랑받기 위해 세상에 온 생명이라서 그런 것 같다. 떠나기 하루 전에는 몸에 열이 많이 올라 밤새도록 힘들어했다. 그러다 한낮에 가족들이 지켜보고 있는 가운데 편안히 누워 서서히 숨을 거두었다. 우리는 슬프고 안타까워 한참을 묵묵히 지켜보았다. 미소는 죽음에 대해 아직도 낯설어하는 우리 가족들에게 편안하고 예쁜 모습을 보여주며 '이게 죽음이에요' 하고 보여주는 것 같았다.

'미소'는 멀리서 사는 두 아들이 온 날 우리 가족이 다 모인 가운데 떠났다. 떠날 때 그 모습은 '죽음'을 편안하고 감사함이라는 새로운 관점으로 보게 해주었다.

'죽음'이 가지는 의미가 무엇인가. 나는 죽음을 어떻게 맞을 것인가. 내가 떠날 때 함께 있던 사람들을 위해 나는 무엇을 할 수가 있나. 상대가 떠날 때 나는 상대를 위해 무엇을 할 수가 있나. 죽기 전까지 살아있는 동안 어떻게 살아야 하나. 미소는 이러한 여러 가지 질문들을 남기고 갔다. '죽음에 대해 이해하는 만큼 삶도 맑고 밝게 살 수 있지 않을까?'라는 생각도 하게 되었다.

'미소'를 태우고 다니던 유모차에 실어 놓았다가 다음날 작은아들이 화장하러 갔다. 저녁때가 되어 **뼛**가루를 고온으로 압착한 색색의 조약돌처럼 생긴 미소의 유해를 항아리에 담아 가지고 왔다. 아내는 작은아들과 함께 꽃밭에 그것을 묻어 주었다.

슬퍼하는 아내를 보며 나는 걱정이 많이 되었다. 아내에게 미소를 위해 49재를 지내주면 어떻겠냐고 물었다. 아내는 흔쾌히 그러자고 했다. 49재는 사람이 죽은 날 일주일 후부터 한 주에 한 번씩 7번 죽은 영혼이 좋은 곳으로 가기를 기원하는 불교의 천도遷度 의식이다.

미소가 떠난 지 일주일 되는 날 첫 번째 천도재를 지냈다. 꽃은 노란 국화꽃을 사용했다. 예쁜 국화꽃 모양과 향기에 애틋함이 느껴졌다. 의식의 진행은 내가 했다. 나와 아내는 함께 미소를 위해 기도했다. 개로 태어나면 우리보다 더 좋은 주인을 만나 건강하고 행복하게 살고, 사람으로 태어나면 밝은 지혜로 세상 사람들에게 유익을 주는 성자가 되기를 축원했다.

마지막 천도재인 일곱 번째 재를 지내는 날에 예쁜 노란 국화꽃을 샀다. 꽃을 가지고 집에 오면서 문득 그동안 내가 가지고 있던 개들에 대한 부정적인 생각들이 많이 사라졌다는 것을 알게 되었다.

  일곱 번의 천도재가 끝나고 아내가 마음의 정리가 어느 정도 되었는지 미소의 유품을 치우기 시작했다. 큰 바구니에 가득 들어 있던 장난감들을 모두 버렸다. 미소 이불, 옷, 양말, 머리털들을 묶던 예쁜 고무줄과 머리핀, 미소 집도 유모차도 치웠다. 미끄러질까 깔아놓았던 안방 바닥의 미끄럼 방지 바닥재들도 모두 들어냈다. 아내는 이제 더 개를 기르지 않겠다고 했다. 미소가 아픈 동안 치료하러 부천에 있는 우리 집에서 서울 사당동에 있는 동물병원에 다니느라 힘들었고, 떠난 후 마음이 너무 힘들다고 했다. 옆에서 나도 내색은 안 했지만 힘들었다. 나도 내 옷마다 묻어있는 녀석의 털들을 떼어내기 시작했다. 녀석의 털은 한 계절은 가야 다 떼어낼 수 있을 것 같다.

  미소의 앨범을 들여다보았다. 우리 집에 막 왔을 때 한 주먹 크기밖에 안 될 때부터 점점 자라나는 과정들을 찍은 모습들 보며 미소와 함께 한 시간이 참 길었구나, 세월이 참 빠르구나! 하는 것을 새삼 느꼈다.

  미소는 집에 온 후로 우리 가족들과 거의 떨어지는 일이 없이 함께 지내왔다. 수목원이나 바닷가에 갈 때나 개를 데리고 갈 수 있는 곳을 찾아서 같이 갔다. 이렇게 함께 하면서 세월의 흐름을 못 느꼈었다. 떠나고 나니 왜 이렇게 빠른가 했지만, 요크셔테리어의 평균수명이 12~15년이라고 하는데 12년 5개월을 살았으니, 미소는 천수를 누린 셈이다.

사람들의 수명은 점차 늘어나 백 세 시대가 되었는데 개들은 일찍 죽음을 맞는다. 함께 지내던 개의 죽음을 통해 나의 죽음에 대해서도 생각해 보고 준비하는 계기가 되었다. 다른 죽음에 대해 슬퍼하는 데 그치는 것은 누구를 위해서도 도움이 되지 않는 일이다. 만남은 반갑고 기쁜 일이고 헤어짐은 안타깝고 슬픈 일이다. 만남의 기쁨과 헤어짐의 슬픔을 모아 미소를 축원해 주어야겠다.

예전에 나는 아파트에서 개를 기르는 것을 반대하는 입장이었으나 미소로 인해 개들을 삶의 동반자로 여기며 따뜻한 눈으로 바라보게 되었다. 죽음에 대한 새로운 관점과 질문들, '개에 대한 따뜻한 눈'은 미소가 떠나면서 내게 준 고마운 선물이다.

법칙과 약속
-『결과에서 살기』를 읽고

"상상은 하느님이며 신이다."
올봄에 읽은 《결과에서 살기》의 한 구절이 큰 충격으로 다가왔다. 위대한 힘은 막연히 바깥 어디엔가 있다고 믿고 있던 나에게 이 말은 그야말로 세상을 뒤흔드는 선언과 같았다.
저자인 네빌 고다드(Neville Goddard, 1905~1972)는 20세기 서양의 신사상운동新思想運動에 영향을 준 형이상학자이다. 그는 에티오피아 출신의 유대인 신비주의자 압둘라를 만나 신비주의에 대한 가르침과 성경의 상징적 해석을 배우며 자신의 사상을 구축한다. 그 후 미국 전역을 돌며 강연을 하게 되는데 그 내용은 크게 두 가지로, 삶의 문제를 해결하는 '법칙法則'과 죽음의 문제를 해결하는 '약속約束'이다.

상상이 현실을 창조한다.
네빌은 상상을 통해 현실을 창조하는 과정을 상세하게 설명하고 있다. 먼저, 원하는 것을 명확하게 정하고, 그것이 이미 이루어졌을 때의 감정을 생생하게 느끼는 것이다. 그러고는 다른 일상적인 활동을 하며 상상한 내용을 잠재의식에 맡긴다.
상상이 현실을 창조한다는 구절은, 내게 큰 울림이 되었고 새로운 가능성을 열어주었다.
수년 동안 내 가슴을 짓누르고 있는 국세 체납 문제가 있었다. 오랫동안 마음공부를 했음에도 이 문제 하나를 해결하지 못하는 자신이 한심하다 느끼고 있던 참이었다.

혼자 조용한 방안에서 체납된 국세 체납 문제가 해결된 상태를 상상해 보았다. 마음이 평안해지고 기쁨이 올라왔다. 오랜만에 편안한 상태에서 머물러 있다가 깜빡 잠이 들었다가 깨어났다.

다음날 우연히 사업파산 신고를 준비하는 분을 만났다. 내 문제를 해결할 수 있는 실마리를 찾을 수 있을까 싶어 함께 법무사를 찾아갔다. 사정 이야기를 하니 법무사는 개인파산 신고를 하는 게 좋겠다는 조언을 해 주셨다. 개인파산 신청에 필요한 서류 목록을 받아 집으로 돌아왔다.

서류를 준비하는 과정에서 놀라운 일이 벌어졌다. 세무서에서 발급받은 체납세금 확인란에 '체납 없음'으로 나온 것이다. 창구에 다시 문의했더니 체납세금이 소멸되었다고 확인해 주었다. 과정을 이해할 수는 없지만, 문제가 해결된 것이었다. 처음에는 현실감이 없어 불안한 감정이 들기도 했지만, 더는 독촉장이 날아오지 않는 것을 보면서 문제가 해결되었음을 확신하게 되었다.

이 일을 겪고 나서 불교의 가르침과 네빌 고다드의 가르침에 대해 다시 깊이 생각하게 되었다. 불교와 네빌 고다드의 가르침은 '모든 것은 마음이 만든다'는 것과 '삶과 죽음의 모든 것에 대한 해결 방법'을 제시하고 있다는 공통점이 있다.

불교의 '인과응보因果應報'와 '불생불멸不生不滅'은 각각 네빌 고다드의 '법칙'과 '약속'에 해당한다. '법칙'을 통해 우리는 삶의 원리를, '약속'을 통해 죽음의 실체에 대한 공부를 할 수 있다.

네빌 고다드는 '상상'이라는 구체적인 방법론을 제시하며, 현실 창조의 과정을 마치 과학적 '법칙'처럼 설명한다. 죽음에 대한 가르침인 '약속'에 대해서는 자신이 겪은 경험을 통해 죽음을 이해하는 길에 대해 알려주고 있다.

또한 네빌은 '법칙과 약속'의 내용에 대해 듣는 사람들이 잘 이해할 수 있도록 쉽게 구체적으로 설명하면서, 이를 배우고 실행한 사람들에게 일어났던 사례들을 보여준다. 그는 삶과 죽음이라는 인간의 근본적인 화두 해결에 대한 새로운 시각을 열어준다.

이 책은 단순한 독서로 끝낼 수 없는, 삶의 방향을 바꾸는 위대한 안내서이다. 네빌 고다드가 제시하는 '법칙과 약속'을 탐구하고 실행하며, 삶과 죽음의 실체를 알고, 모든 순간을 자유롭게 창조하고 싶다는 강한 열망을 느낀다.

이명식

명상 속 세계 여행
물처럼, 바람처럼
주시자注視者
사랑받기 위해 태어난 아이

 이제, 물처럼 살고 싶다. 어떤 그릇에 담겨도 그 모양을 따르고, 낮은 곳으로 흘러가며, 스스로 존재를 드러내지 않고 만물을 이롭게 하는 물처럼. 그리고 바람처럼 스치고 자유롭게 흘러가며, 어느 한 곳에도 묶이지 않고, 형태 없는 바람처럼.

명상 속 세계 여행
-태평양에서 대서양까지

매일 아침, 나는 눈을 감고 조용히 호흡에 집중한다. 숨을 들이쉬고 내쉬는 단순한 반복이지만, 이 고요한 명상의 시간은 내 마음을 머나먼 곳으로 이끈다. 마치 또 한 번의 세계 여행을 떠나는 듯, 나는 기억의 바다를 건너 태평양에서 대서양까지 긴 여정을 시작한다.

출발은 언제나 익숙한 장소, 집 앞 공원의 옹달샘이다. 그 작은 물줄기가 도랑을 지나 개울이 되고, 어느덧 강물이 되어 서해로 흘러든다. 그 바다는 곧 태평양으로 이어진다.

그렇게 나는 첫 해외 여행지, 필리핀 세부의 푸른 바다를 떠올린다. 가족과 함께한 여행이었기에 더욱 따뜻했던 그 기억. 손자들과 수영장에서 물장난 치던 순간, 바닷가에서의 호핑 투어와 석양 아래의 환한 웃음은 지금도 생생하다. 바다 속에서 물고기 떼를 따라 걷던 시워킹(sea walking)의 순간은, 마치 삶의 비밀을 잠시 엿본 듯한 신비로움으로 남아 있다. 이어지는 여정은 말레이시아 코타키나발루다.

풀장이 딸린 리조트에서 보낸 여유로운 시간, 정글에서 반딧불이를 따라갔던 저녁 풍경, 그리고 스릴 넘치는 패러세일링. 내 마음은 다시 그곳의 석양과 바다 냄새로 물들어 간다. 명상의 호흡이 깊어질수록 그곳의 파도 소리와 햇살의 감촉이 현실처럼 생생하게 다가온다.

조금 더 숨을 고르면, 이번에는 베트남 나트랑의 따뜻한 햇살이 떠오른다. 알마 리조트의 야자수 아래, 선베드에 누워 코코넛을 마시며 손녀들의 웃음소리를 듣는다. 시간은 천천히 흐르고, 나는 지금 순간의 평화에 완전히 잠긴다. 명상이란 바로 이런 것이다. 기억 속 감정과 감각을 꺼내어 지금 여기에 되살리는 일. 몸은 움직이지 않지만, 마음은 세계 어디든 갈 수 있는 자유로운 여행자다.

명상의 바다는 점점 넓어지고, 인도양을 지나 아라비아해를 건너면 중동의 두바이에 도착한다. 7성급 호텔 옆 해변에서 따뜻한 바닷물을 느끼며 사막 드라이브를 했던 기억, 스프링클러가 물을 뿌리던 거리, 초고층 빌딩 '부르즈 할리파'를 올려다보던 순간은 지금도 명상의 화면 속에서 선명하게 펼쳐진다. 그곳은 모래와 철근, 그리고 인간의 의지가 어우러진 또 하나의 세계였다.

여행의 맥은 끊기지 않고 지중해를 건너 유럽 대륙으로 이어진다. 나의 첫 유럽 여행은 영국에서 시작되었다. 히드로공항의 차가운 공기, 버킹엄 궁전과 템스 강, 그리고 맨체스터의 낯선 거리들이 기억 저편에서 천천히 떠오른다. 낯선 언어, 낯선 음식, 그러나 새로운 나를 만나게 해준 경험이었다.

프랑스에서는 루브르 박물관과 베르사유 궁전, 그리고 샹젤리제 거리의 밤이 인상적이었다. 술집에서 서툰 영어로 술을 주문하며 유럽의 밤에 녹아들던 순간도 다시금 떠오른다.

이탈리아 로마와 바티칸 시국에서 느낀 종교의 장엄함, 나폴리 항구를 거쳐 폐허의 도시 폼페이에서 마주한 시간의 무게, 그리고 베네치아의 유리 공예품. 이 모든 기억은 이제 나의 명상 속 소중한 장면들로 자리 잡고 있다.

유럽 대륙을 여행한 또 다른 기억은 북유럽 여행이다. 핀란드 헬싱키에서 크루즈에 올라 스웨덴 스톡홀름으로 향하던 밤, 백야의 빛은 말로 표현할 수 없는 감동을 주었다. 노르웨이의 송네피오르드, 빙하가 녹아 만든 호수를 보며 자연의 위대함 앞에 숙연해졌던 기억. 그 순간만큼은 내 존재가 자연 속 한 점에 불과하다는 사실을 온몸으로 느꼈다.

동쪽으로 돌아오면, 중국 장가계와 황산의 절경이 기다린다. 아찔한 절벽 위로 솟은 소나무, 영화 <아바타>의 배경이 된 그 신비로운 풍경. 황산의 72봉에서 내려다본 무릉도원의 정경은 자연이 선사한 최고의 선물이자, 지금도 나의 명상 속 쉼터가 되어 준다.

명상의 마지막 여정은 다시 대서양을 마주하는 이스탄불로 이어진다. 블루 모스크와 소피아 성당, 그리고 보스포루스 해협의 유람선에서 바라본 이슬람의 도시 풍경. 카파도키아의 눈 내리는 기암괴석과 열기구에서 본 하늘, 파묵칼레 석회암 온천에서 느낀 지구의 숨결. 이 모든 경험은 하나의 긴 호흡으로 내 안에 고요히 스며들어 있다.

이처럼 명상은 단지 마음을 다스리는 기술이 아니다. 나의 삶 전체를 되짚는 여행이자, 세상을 품는 또 다른 방식의 움직임이다. 명상 속 세계여행은 단 한 발자국도 움직이지 않고도 삶의 수많은 장면을 되살리며, 그 모든 순간을 지금 이 자리에서 새롭게 음미하게 해준다.

오늘도 나는 숨을 쉬며 세상 곳곳을 여행한다. 태평양의 푸른 바다에서 시작해, 대서양의 잔잔한 물결에 닿기까지. 나의 여행은 아직 끝나지 않았다. 어쩌면 가장 깊고 아름다운 여행은, 지금 순간, 나의 마음속에서 이루어지고 있는지도 모른다.

물처럼, 바람처럼

"모든 형성된 것은 무상하다.
모든 법에는 '나'라 할 것이 없다."
-법구경 제20장, 길(道)

삶은 흐르고, 바람은 스친다. 2025년 봄날 어느 저녁, 거실에서 잠시 휴식을 취하다 몸을 일으키려던 순간, 나는 갑작스레 의식을 잃고 쓰러지며 머리를 부딪쳤다. 뇌출혈이었다. 그 순간, 세상의 모든 소리가 멎고 시간마저 정지한 듯했다.

눈을 감았다 떴을 때, 나는 낯선 병원 중환자실의 밝은 조명 아래에 있었다. 기계음이 규칙적으로 울리고, 링거 줄이 팔에 매달려 있었으며, 희미한 약품 냄새가 코끝을 스쳤다. 그곳은 삶과 죽음의 아슬아슬한 경계, 혼돈과 고요가 기묘하게 공존하는 낯선 공간이었다.

그곳에서 나는 법구경의 말씀을 단순히 머리로 '이해'하는 것을 넘어, 온몸으로 '체험'하고 받아들이게 되었다. 이 충격적인 사건은 내 70년 인생의 모든 흐름을 거슬러 올라가, 그동안 내가 살아온 삶의 의미를 깊이 되돌아보게 했다.

내 삶은 유상有常과 유아有我로 점철된 삶이었다. 변화하는 세상에 대한 맹목적인 집착, 그리고 고정된 '나'라는 자아에 대한 착각 속에서 나는 번뇌와 고통을 반복하며 살았다.

격동의 세월, 방황과 성장
나는 육 남매의 장남으로 태어나 부모님의 지극한 사랑과 기대를 한 몸에 받으며 자랐다. 어린 시절은 따뜻한 보살핌 속에 꿈을 키우는 시기였다. 그러나 사춘기에 접어들면서 시작된 방황은 반복된 입시 실패와 깊은 무기력으로 이어졌다. 부모님과 주위의 따가운 시선이 무섭고, 기대에 부응하지 못하는 내 모습에 깊은 자괴감에 빠져들곤 했다. 청춘의 소중한 시간은 술과 무의미한 방황으로 허비했다. 미래에 대한 뚜렷한 계획도 없이, 그저 하루하루를 버티는 막막한 삶의 연속이었다.

군 복무를 마친 후에도 상황은 나아지지 않았다. 연고도 없는 객지에서 좌판을 펼치고 장사를 하며 생계를 이어갔지만, 마음속 깊이 자리한 허탈감과 불안감은 좀처럼 가시지 않았다.

그러던 어느 해. 설 명절, 고향 집에 연락했더니 청천벽력 같은 어머니의 암 수술 소식을 들었다. 나는 한달음에 병원으로 달려가 병실을 지켰다. 병간호는 고되고 힘든 시간이었지만, 동시에 내 삶을 돌아보고 새로운 길을 모색하게 만든 소중한 기회였다. 병원 생활 중 우연히 접한 공무원 시험 공고는 내게 한 줄기 빛처럼 느껴졌다. 나는 지푸라기라도 잡는 심정으로 시험에 도전했고, 마침내 교도관으로서 격일제 근무를 시작하게 되었다.

계속되는 야근과 예측 불가능한 상황들, 그리고 업무 중 입은 부상은 나를 다시금 무기력의 늪으로 끌어당기는 듯했다. 그러나 나는 포기하지 않았다. 다시 대학 입시에 도전하여 야간대학에 입학했고, 사랑하는 사람을 만나 가정을 꾸리며 새로운 삶의 기반을 다졌다.

아이의 탄생은 내 삶에 새로운 목표와 의미를 부여했다. 작은 생명의 눈망울을 마주하며 나는 더 이상 방황할 수 없다는 강한 책임감을 느꼈다. 낮에는 직장에서 일하고 밤에는 학업에 매진하는 주경야독晝耕夜讀의 삶이 시작되었다.

힘든 나날이었지만, 가족을 위한 열정은 나를 지탱하는 원동력이었다. 마침내 보건직 공무원 시험에 도전하여 합격의 기쁨을 맛보았다.

안정적인 직장을 얻었지만, 직장 생활은 내게 또 다른 형태의 집착과 번뇌를 안겨주었다. 선·후배들과 눈치를 보며 승진에 대한 강한 욕망에 사로잡혔다. 나름대로 소기의 성과를 거두며 직장 내에서 인정받기도 했지만, 그 과정에서 가정과 건강은 뒷전으로 밀려났.

끊임없이 더 높은 곳을 향해 달려가던 나는 결국 명예퇴직을 선택했다. 새로운 삶을 찾아 부동산중개업에 도전했지만, 미지의 영역에 대한 두려움과 불안감은 나를 번번이 실패의 나락으로 밀어 넣었다. 그렇게 방황은 또다시 이어졌다.

뇌출혈, 삶과 죽음의 경계

그런 나를 자책하며 환갑을 넘겼다. 인생의 황혼기에 접어들었음에도 여전히 방황하는 나 자신을 보며 깊은 회의감에 잠기곤 했다. 이후 배움터 지킴이와 행정 상담사로 일하며 다시 사회와 연결되었다. 아이들과 소통하고, 사람들의 고민을 들어주는 일은 내게 작은 보람과 의미를 주었다.

십여 년의 활동 끝에 완전한 은퇴를 맞았지만, 오랜 세월 쌓인 만성질환으로 건강은 점점 무너지고 있었다. 몸은 여기저기 쑤시고 아파서, 활기 넘치던 예전의 모습은 온데간데없었다. 한의원 침 치료에 의존하며 건강관리를 하였다. 그런 와중에도 외손녀와의 대화는 제게 가장 큰 위안이 되었다. 천진난만한 아이의 눈빛과 웃음은 지친 내 마음에 작은 행복을 선사했다.

즐거운 나날을 보내던 중 자율신경 기능 이상으로 넘어지면서 뇌출혈이 발생했다. 의식을 잃기 직전의 순간은 마치 거대한 블랙홀 속으로 빨려 들어가는 듯한 아득함이었다. 병원에서 깨어난 나는 마치 저승을 다녀온 듯한 기이한 감각에 휩싸였다. 몸은 천근만근 무거웠고, 머릿속은 짙은 안개 낀 듯 혼미했다. 그러나 그 혼미함 속에서 나는 삶과 죽음의 본질에 대해 직면하게 되었다. 죽음의 문턱에서 되돌아온 경험은 내게 세상의 모든 것이 얼마나 덧없고 허망한 것인지를 깨닫게 해주었다.

 그 순간, 법구경의 '무상無常'과 '무아無我'는 더 이상 책 속의 글귀가 아니었다. 그것은 안에 살아 숨 쉬는, 생생한 체험이 되었다. 내가 평생토록 '나'라고 굳게 믿어왔던 모든 것들, 즉 나의 역할과 이름, 과거의 성공과 실패, 내가 쌓아 올린 재산과 명예, 심지어 내 육신까지도 모두 흘러가는 강물처럼 스치는 허상에 불과했다. 붙잡으려 해도 잡히지 않고, 지키려 해도 영원할 수 없는 덧없는 허상이라는 것을 비로소 깨달았다.

 그동안 내가 끊임없이 갈구하고 집착했던 모든 것이 실체가 없는 것임을, 내 머릿속에서 만들어낸 허구임을 알게 되었다. 고통스러웠던 과거의 기억도, 불안했던 미래에 대한 걱정도 모두 내가 헛되이 붙잡고 있던 관념들이었다. 죽음 앞에서 이 모든 것이 얼마나 무의미한지를 깨달았을 때, 내 마음속에는 비로소 알 수 없는 평화가 찾아들었다.

물처럼, 바람처럼 집착 없는 삶
 나는 하루를 건강 체조와 명상으로 시작하고 마무리한다. 아침 햇살을 맞으며 공원 산책과 고요한 명상으로 흐트러진 몸과 마음을 다스린다.

과거에 대한 후회도, 미래에 대한 불안도 모두 내려놓고, 지금, 이 순간에 온전히 머무르려 노력한다. 삶의 작은 순간들 속에서 행복을 찾는 연습을 한다.

창밖으로 스쳐 지나가는 바람 소리, 차 한잔 마시며 책장 넘기는 소리, 손주들의 해맑은 웃음소리……. 이 모든 것이 내게는 더없이 소중한 행복으로 다가온다. 강물처럼 흐르고 바람처럼 스쳐 가는 모든 것을, 있는 그대로 받아들인다. 저항하거나 붙잡으려 하지 않고, 그저 흐름에 몸을 맡긴다.

나는 이승과 저승의 경계에서 되돌아온 사람이다. 뇌출혈이라는 사건은 내게 두 번째 삶을 선물했다. 마치 깨끗이 씻어내고 새로 태어난 듯한 기분이다. 과거의 나는 끊임없이 무언가를 쟁취하고 소유하려 했으며, 그것이 나의 존재 이유인 줄 알았다. 그러나 이제는 모든 것은 변화하고 사라진다는 진리를 온몸으로 체득했다. 그리고 진정한 '나'는 어떤 이름이나 역할, 성공이나 실패로도 결코 규정될 수 없다는 것을 깨달았다. '나'라는 환상에서 조금씩 벗어나고 있다. 더 이상 움켜쥐지 않고, 더 이상 집착하지 않으며, 그저 있는 그대로 존재한다.

이제, 물처럼 살고 싶다. 어떤 그릇에 담겨도 그 모양을 따르고, 낮은 곳으로 흘러가며, 스스로 존재를 드러내지 않고 만물을 이롭게 하는 물처럼. 그리고 바람처럼 스치고 자유롭게 흘러가며, 어느 한 곳에도 묶이지 않고, 형태 없는 바람처럼. 나의 두 번째 인생은 그렇게 흘러갈 것이다.

집착 없는 자유와 무아의 평화를 찾아. 뇌출혈 이후 얻은 이 깨달음은 내게 가장 값진 선물이며, 남은 삶을 살아갈 지혜와 용기를 불어넣어 준다. 나는 이제 진정으로 물처럼 흐르고 바람처럼 스치는 삶을 살아가고자 한다.

주시자 注視者

한동안 인도 철학자 오쇼 라즈니쉬 Rajneesh Chandra Mohan Jain의 책들을 섭렵하면서 때로는 그의 눈으로 나의 삶을 바라보게도 되었다.

나를 보는 눈

하루에도 수십 번, 마음은 요동친다. 때론 분노로, 때론 불안으로, 때론 어떤 기대와 열망으로 나를 끌고 간다. 마음의 텔레비전에서는 생각과 감정이라는 프로그램이 끊임없이 재생된다. 나는 종종 그 프로그램이 곧 나인 줄 착각한다. 생각이 나고 감정이 일면, 그것이 '나의 진짜 모습'이라 믿는다. 그 믿음은 나를 격정의 파도 속으로 몰아넣고, 나는 그 속에서 허우적대며 진정한 자신을 잃어버린다.

그러던 어느 날 문득, 나는 멈추어 서서 바라보기 시작했다.
'나는 왜 지금 이렇게 화가 나 있는가? 이 불안은 어디에서 시작되었는가?'
그때, 내 안에서 어떤 '주시하는 눈'이 깨어났다. 그 눈은 선택하지 않고, 판단하지 않고, 그저 바라볼 뿐이다. 그리고 그 순간, 나와 마음 사이에 분명한 공간이 생겨났다.

이 공간은 마치 폭풍우 속에서 잠시 멈춰 서서 비바람을 관조하는 것과 같았다. 비바람이 나 자신이 아님을 깨닫는 순간, 나는 비로소 폭풍 속에서도 고요함을 찾을 수 있었다.

동일시에서 벗어나는 순간

마음은 파도처럼 일고 사라진다. 감정은 구름과 같다. 어떤 날은 먹구름이 몰려와 하늘을 뒤덮고, 어떤 날은 햇살이 맑게 비춘다. 하지만 구름은 하늘이 아니다. 하늘은 그 모든 것을 담아내는 '공간'이다. 나는 바로 그 하늘과 같은 존재이다. 질투와 욕망이 내 안에 일어날 때, 그것을 제거하려 애쓰기보다, 그저 바라보아야 한다. 바라본다는 것은 그들에게 에너지를 빼앗기지 않는다는 뜻이다. 고통도 행복도 그저 일어나는 현상일 뿐, 나는 단지 그것을 아는 자일 뿐이다.

"너는 더 가져야 해. 더 이뤄야 해. 지금 너는 부족해." 에고(ego)는 끊임없이 나에게 속삭인다. 그러나 주시하는 나의 눈은 안다. 나는 이미 내가 있어야 할 곳에 있다. 지금 순간, 모든 것은 충분하다. 달성해야 할 것도, 도달해야 할 목적지도 없다. 삶은 과정이며, 지금 순간은 완전하다. 이 깨달음은 나를 끝없는 채찍질에서 벗어나게 하고, 존재의 충만함을 느끼게 한다. 삶의 본질은 현재에 뿌리내리고 있음을 알 때, 나는 비로소 진정한 평화를 경험할 수 있다.

순간 전체로 살기

삶의 본질은 이 순간에 있다. 과거는 지나갔고, 미래는 아직 오지 않았다. 마음은 현재에 머물 수 없지만, 마음이 멈추는 순간, 나는 존재 그 자체가 된다. 명상이란, 숨을 들이쉬고 내쉬며 이 순간에 완전히 머무는 일이다. 마치 과즙을 한 방울도 남김없이 짜서 마시듯, 지금의 감각을 오롯이 살아내는 것이다.

분노가 치밀 때, "지금 나는 화가 났네"라고 말하며 관찰자가 된다. 나는 분노가 아니라, 분노를 지켜보는 자이다.

어떤 감정도, 어떤 생각도 나 자신이 아니다. 마음은 환상을 만들어내는 스크린이다. 명상은 그 스크린 앞에 앉아, 그저 바라보는 것이다. 이것은 나를 외부의 자극과 내면의 소용돌이로부터 분리하여, 고요한 중심을 찾게 해준다.

죽음은 끝이 아니라 이완이다

죽음을 생각하면 종종 두려움이 올라온다. 그러나 그것마저도 관찰해야 한다. 두려움은 마음의 상태일 뿐이다. 죽음은 얼음이 물로 바뀌는 것처럼 자연스러운 변화이다. 육체는 흙으로 돌아가고, 영혼은 하늘로 돌아간다. 죽음은 삶의 완성이고, 삶은 매 순간의 죽음을 통해 다시 태어난다.

나는 매일 밤, 잠이라는 작은 죽음을 겪는다. 그리고 그 작은 죽음은 아침의 생명을 다시 가져온다. 죽음이 끝이 아님을 이해할 때, 나는 더 깊이 있게 살아갈 수 있다. 삶을 전심으로 껴안을 때, 죽음도 삶의 일부가 된다. 죽음과 평화로운 관계는 삶에 대한 나의 태도를 근본적으로 변화시킨다. 매 순간을 더욱 소중히 여기고, 불안과 공포에서 벗어나 온전하게 살아갈 수 있도록 도와준다.

내 안의 중심을 기억하며

깨달음이란 어떤 특별한 사건이 아니다. 그것은 일상의 순간 속에서 자신의 중심을 기억하는 것이다. 호흡이 흐르고, 몸이 살아있고, 감정이 오간다. 그 속에서 나를 잊지 않고, 나를 바라보며, 이완된 상태로 존재하는 것. 그것이 바로 명상이다. 명상은 고요한 이완이다. 긴장은 지옥이고, 이완은 천국이다.

나는 누구인가? 육체인가, 감정인가, 생각인가? 아니면 그 모두를 바라보는 '의식' 그 자체인가? 매일 나는 이 질문으로 되돌아간다.
"나는 누구인가?"
이 질문은 나를 현실로 돌아오게 하고, 중심으로 이끈다. 이 질문은 끝없이 자신을 탐구하고, 본질에 다가가는 여정의 시작이자 핵심이다.

살아있음, 자체에 감사하며

삶은 놀이와 같다. 때론 고요하고, 때론 거칠고, 때론 눈물겹다. 그러나 그 모든 순간은 나를 성장시키는 스승이다. 나는 나의 삶을 사랑하고, 나 자신을 이해하며 살아가야 한다. 지금 순간을, 있는 그대로 받아들이고, 과거의 기억과 미래의 상상을 내려놓는 법을 배우는 것. 그것이 진정한 평화이다.

'나'는 매일 아침, 숨을 들이쉬며 '나 자신'을 축복해야 한다. 지금 살아있다는 사실, 지금 숨을 쉬고 있다는 사실, 그것만으로도 충분하다. 모든 고통과 괴로움은 결국 내 생각에서 시작된 것이다. 그것을 알아차리는 순간, 고통은 이미 내 곁을 떠나간다. 나를 현재에 뿌리내리게 하고, 삶의 모든 면을 긍정적으로 받아들이게 한다.

다시, 주시자에게로

삶은 하나의 여정이다. 그리고 그 여정 속에서 가장 중요한 기술은 '자기 자신을 주시하는 것'이다. 누구나 마음의 레이더를 가지고 있다. 감정이 일어날 때, 마음이 흔들릴 때, 즉시 멈추고, 이완하고, 주시할 수 있다. 그렇게 나는 삶의 본질로 되돌아간다.

나는 더 이상 마음이 아니다. 감정도 아니다. 나는 오직 그것들을 바라보는 눈이다. 그 눈은 언제나 고요하고, 자유롭고, 따뜻하다.

그리고 그 눈으로 오늘도 나는 살아간다. 이 주시자의 시선은 나를 영원한 현재에 머물게 하고, 삶의 모든 경험을 지혜롭게 포용하게 한다.

나는 묻는다.

나는 오늘, 내 안을 주시하는 눈과 함께 어떤 하루를 살아갈 준비가 되었는가?

사랑받기 위해 태어난 아이

"당신은 사랑받기 위해 태어난 사람. 당신은 삶 속에서 그 사랑받고 있지요. 태초에서 시작된 하나님의 사랑은 우리의 만남을 통해 열매를 맺고, 당신은 이 세상에 존재함으로 인해 우리에게 얼마나 큰 기쁨이 되는지. 당신은 사랑받기 위해 태어난 사람, 지금도 그 사랑을 받고 있지요."

주일 예배당을 가득 채우는 찬송가 가사는 언제나 내 마음 깊은 곳을 울린다. 특히 이 구절은 외손녀 하윤이를 떠올리게 한다. 내 삶에 찾아온 가장 순수하고 아름다운 사랑의 증거이자, 이 노래가 현실이 되는 순간을 보여주는 존재다.

비교적 한가한 내가 짬짬이 하윤이를 돌보는 것은 이제 일상이 되었다. 보고 싶을 때면 굳이 연락하지 않아도 자연스레 어린이집 하원 시간에 맞춰 아이를 데리러 간다. 작년까지만 해도 조그만 손을 꼭 잡고 횡단보도를 함께 건너고, 마트에 들러 아이스크림을 사주면 작은 두 손으로 내 손등에 뽀뽀를 쪽, 하고는 "하비 좋아!"하고 외치던 아이. 그 작은 입에서 튀어나온 사랑 고백에 내 마음이 스르르 녹아내리던 순간이 아직도 눈앞에 선명하다. 그때의 짜릿하고 순수한 행복감은 지금도 나를 저절로 미소 짓게 한다.

이제는 한 살 더 자라 훨씬 당차고 의젓해졌다. 어린이집 문이 열리고 내가 보이면, "할아버지 보고 싶었어!"라는 말과 함께 활짝 웃는 얼굴로 달려와 안기는 아이의 모습은 하루의 온갖 피로를 단번에 날려버리는 마법과도 같다.

손을 꼭 잡고 집으로 돌아가는 길에는 어린이집에서 있었던 일, 친구들과 재미있는 놀이, 먹고 싶은 간식, 그리고 앞으로 하고 싶은 일들을 조잘조잘 끊임없이 이야기한다. 그 작은 입에서 쉴 새 없이 쏟아지는 이야기들은 듣는 내내 웃음을 멈출 수 없게 한다.

 어느 날은 마트에 가면서 "할아버지, 키즈룸 가!"라고 당돌하게 요구하기도 한다. 아이의 요구를 이것저것 들어주면, 하윤이는 마치 그에 대한 보답이라도 하듯 작은 손가락으로 정성껏 하트를 만들어 나에게 날려준다. 양쪽 엄지와 검지를 맞대어 조그마한 하트 모양을 만들고는, "할아버지 사랑해!"라며 한쪽 눈을 찡긋하는 윙크까지 날리는 아이. 그 순간 느끼는 짜릿한 행복감은 이루 말할 수 없다.

 평생을 살면서 이렇게도 순수하게, 아무런 조건 없이 그저 존재 자체로 사랑받아 본 적이 있었던가? 그 작은 손짓 하나에 온몸에 전율이 감돈다. 진정한 사랑이란 바로 이런 게 아닐까. 계산 없이 마음을 주고받으며 사랑하고, 또 사랑받는 따뜻하고 깊은 교감. 아이와의 시간은 나에게 사랑의 본질을 다시금 일깨워준다.

 밤이 되면, 잠자리에 누워서도 아이의 조그마한 손가락 하트를 떠올리며 저절로 미소 지은 채 잠이 든다. 꿈속에서도 아이의 천진난만한 목소리가 귓가에 맴도는 듯하다. "할아버지, 사랑해요!" 아침이 밝아오면, 어린이집에 가기 싫어 "친구들은 집에서 노는데 왜 나만 가?" 엄마에게 투정 섞인 항의를 하는 모습까지, 그 모든 순간이 나에게는 그저 귀엽고 사랑스럽기만 하다. 아이의 투정 섞인 목소리마저도 나에게는 사랑스럽게 들리는 것을 보면, 나는 이미 하윤이의 매력에 푹 **빠져버린** 것이 분명하다.

"당신은 사랑받기 위해 태어난 사람." 주일 교회에 가서 부르던 찬송가 가사가 다시금 입안에서 뱅뱅 돈다. 하윤이는 진정 사랑받기 위해 태어난 아이다. 사랑받는 것이 너무나도 당연하고, 그 사랑을 온몸으로 표현할 줄 아는 아이. 내 삶에 찾아온 가장 아름답고 소중한 선물이다. 하윤이의 존재는 내 삶의 공간을 따뜻한 사랑으로 가득 채워주었다.

요즘에는 어린이집에서 배운 "반짝반짝 작은 별"을 불러주면서 할아버지도 해보라고 한다. 기억을 더듬어 천천히 따라하다 틀리면 바로 지적한다. "아름답게 비추네는 동쪽 하늘에서도 서쪽 하늘에서도 다음에 해야지요." 이제는 선생님이 되어 노래를 가르쳐준다.

아쉬운 것은 아이에게 사랑받을 시간이 점점 줄어든다는 것이다. 요즘은 또래의 친구들과 키즈룸에서 놀이하는 것을 더 좋아한다. 아직도 나는 더 많은 손가락 하트를 받고 싶다. 아이의 작은 손가락 하트 하나가, 한 사람의 인생을 얼마나 풍요롭고 따뜻하게 만들어주는지. 나는 오늘도 아이의 손가락 하트 속에서 가장 순수하고 깊은 사랑을 배운다. 그리고 그 사랑을 통해 나 또한 사랑받기 위해 태어난 소중한 존재임을 다시금 깨닫는다. 하윤이는 나에게 사랑을 주는 동시에, 내가 사랑받을 자격이 있는 존재임을 끊임없이 상기시켜주는 사랑스러운 나의 외손녀다.

하동은

구절초를 위하여
재희 언니
우리는 만날 수 있을까?
버려진 나무

 이즈음 도서관에서 함께 글 쓰고 그림 그리고, 책을 정리하는 여러 얼굴들이 떠오른다. 그 얼굴 하나하나가 먼 훗날 내 가슴에 또 하나의 재회로 남아 그리워하게 되리라.

구절초를 위하여

 지난해 조성된 역곡천 화단에 벌개미취, 구절초, 원추리가 자라고 있다. 며칠 전 산책을 나섰다가 노란색 줄기가 구절초 머리 위로 덩굴손을 뻗고 있는 것을 보았다. 비가 내리면 구절초 줄기가 넝쿨을 뚫고 일어설 것이라 생각했다. 하지만 그것은 잘못된 판단이었다. 오히려 넝쿨은 비를 맞고 난 후 꽃까지 피우며 완전히 구절초 군락을 뒤덮고 있었다. 걸음을 멈추고 넝쿨을 뜯어보았다. 줄기는 쉽게 끊어졌다. 쌀알만 한 자잘한 꽃송이들이 우수수 떨어져 내리며 넝쿨 아래 구부러져 있던 구절초 줄기가 튕겨 나가듯 바로 섰다. 하지만 줄기의 대부분이 새카맣게 변해 있었다. 다급하게 손을 뻗어 넝쿨을 뜯어냈다. 생명력이 강하다고 알고 있던 구절초가 실낱같은 넝쿨에 온몸이 묶여있었다.
 온몸이 오싹했다. 어느 쪽이 강하고 어느 쪽이 약한가. 외양으로 따진다면 구절초가 저 가는 넝쿨에 질 것인가. 하지만 구절초는 자기 몸도 바로 세우지 못하는 실올 같은 넌출에 제압당하고 고사 직전에 이른 것이었다. 내가 매사 겉만 보고 너무 쉽게 판단하고 있지는 않은지, 판단 기준에 따라 달리 해석될 수 있는 일을, 고정관념을 통해 보고 있는지 돌아보게 했다.
 그 덩굴은 실새삼이었다. 실처럼 가늘고 긴 줄기를 뻗는 한해살이 기생식물로 종자가 발아하면 화학적으로 탐지하여 가까운 곳의 식물 중 주로 연약한 초본 식물을 찾아 덩굴을 뻗어 숙주로 삼는다고 한다.

스스로 광합성을 하지 못하는 실새삼은 이후 스스로 뿌리를 끊어내고 숙주식물의 물과 양분 그리고 생장호르몬을 빨아먹으면서 성장한다. 실새삼이 꽃을 피울 무렵이면 숙주식물은 말라 죽게 된다. 그들의 삶은 곧 다른 식물의 죽음을 의미한다. 그래서 실새삼은 '식물계의 드라큘라'라 불린다.

이런 식물이 존재 가치가 있는지 의문이 들었는데 뜻밖에도 실새삼의 종자는 '토사자兔絲子'라고 불리며 한방약재로 쓰인다고 한다. 또한 밭작물과 정원 식물의 관점에서는 해로운 잡초에 불과하지만, 생태계 차원에서는 생물의 다양성과 식물의 균형을 유지하고 곤충들의 먹이를 공급하는 역할을 한다고 한다. 자연계 전체의 관점과 개인의 관점 중 어느 편에서 보느냐에 따라 판단의 내용이 달라질 것 같다.

일본 판타지 애니메이션 '귀멸의 칼날'은 혈귀와 맞서는 '귀살대'의 활약을 그리고 있다. 혈귀는 악의 근원 키부츠지 무잔에 의해 그의 피를 주입 받고 강력한 초능력을 가진 괴물이 된 존재들이다.

좀비는 개별적 정체성 없이 본능적으로 움직이지만, 혈귀는 자신의 욕망을 실현하기 위해 더욱 많은 무잔의 피를 갈망하게 되고 이후 그의 지배를 벗어날 수 없게 된다. 결국에는 절대 권력자의 권력 유지와 확장을 위한 수단으로 이용되고 만약 그에게 위협이 되면 무자비하게 제거된다. 이들은 태양빛과 귀살대가 사용하는 특수한 검 일륜도에만 치명상을 입는다. 그들의 관계가 실새삼을 닮았다.

우리가 사는 세상에도 실새삼이나 혈귀와 같은 인간들이 득실대는 곳이 있다. 사이비 종교집단과 범죄집단, 그리고 부패한 권력자들의 집단이다. 그들이 저지른 만행을 고발하는 '나는 생존자다'라는 시리즈가 생각난다. JMS 사건, 부산 형제복지원 사건, 지존파 사건, 삼풍백화점 붕괴 참사를 다룬 다큐멘터리인데 너무나 충격적이고 무서워서 끝까지 보지 못했지만, 다시 용기를 내어 도전해 보려고 한다.

 며칠 동안 내리던 비가 그쳐 오랜만에 아침 달리기를 나갔다. 달맞이꽃은 다 지고 없어서 아쉬웠지만, 벌개미취와 수크령이 반갑게 맞이해주었다. 실새삼에서 풀려난 구절초는 연초록 새싹을 내고 있지만 올가을 꽃을 피우는 것은 힘들 것 같았다.
 돌아오는 길에 또 다른 구절초가 노란 꽃이 달린 덩굴식물에 완전히 뒤덮여 있는 것을 보았다. 주저 없이 넝쿨을 걷어냈다. 다행히 이들은 실새삼과는 달리 일반 덩굴식물이어서 구절초에 치명상을 입히지는 않았다. 그렇지만 계속해서 햇빛이 차단되면 결국에는 덩굴 아래 식물은 병들고 말 것이다.

 실새삼 때문에 역곡 천 언덕에 여러 가지 덩굴식물이 살고 있다는 것을 알게 되었다. 웬일인지 그들은 다른 화초보다 구절초를 더 좋아하는 것 같다. 지구라는 큰 풀밭에서 그들의 삶도 인정해야 하지만 내가 다니는 길목에서는 지극히 개인적인 감정으로 구절초를 지키기로 마음먹는다.

재희 언니

 가을바람이 불면 여름내 사용하던 푸른색 그릇 대신 K 언니와 함께 인사동에서 산 갈색 자기 그릇을 꺼내 놓는다.

 모든 것이 미숙하기만 하여 되돌아볼 것 하나 없을 것이라 여겨졌던 나의 20대. 그때 시간을 공유했던 K 언니를 떠올릴 때면 금세 눈시울이 붉어진다.

 K 언니를 만난 것은 대학 3학년 겨울 금강경 공부 모임에서였다. 대학 도서관 사서로 나보다 나이가 꽤 많았으며 다소 까다로운 인상을 주었다. 그렇지만 마음을 주는 학생들에게는 고향집 큰언니나 큰누나와 같은 느낌을 주는 분이었다. 힘든 일이 있을 때는 학생들은 언니를 찾아가 하소연도 하며 애정 어린 조언을 듣곤 한다는 말을 들었다.
 어느 날 언니는 한 스님의 논문을 영어로 번역해 달라는 부탁을 해왔다. 그때 처음으로 스님들을 만나고 차 맛에 익숙해지고 스님의 글을 번역하면서 불교와 친해지게 되었다. 언니와 함께 약 두 달간 절에서 지내며 새벽 4시에 기상하여 새벽 예불을 드리며 하루를 시작하고 주지 스님이 삶아주는 국수를 먹는 등 이런 특별한 경험은 모두 언니와 함께한 것이었다.
 대학 4학년 여름 인도 철학 회 회원들과 지리산 중턱에서 밤새 오들오들 떨며 감자를 삶아 먹을 때에도 옆에 언니가 있었다. 다음날 노고단을 오를 때 파란 하늘을 배경으로 노랑원추리가 무리 지어 피어 있었다.

그때 이후 언니는 내 삶에 깊숙이 들어오게 되었고, 언니의 영향으로 나의 마음속에는 불교적 정서가 자리 잡게 되었다.
 언니의 깊은 관심이 항상 즐거운 것은 아니었다. 대학 졸업 후 회사에 다닐 때 일요일마다 여러 모임에 나를 데려가려고 했다. 당시 나는 언니의 부탁을 거절하는 법을 잘 알지 못했다. 결국 회사에 사표를 내고 부산으로 돌아갔다. 그렇다고 하여 언니를 원망하거나 관계를 끊은 것은 아니었다. 언니는 귀향의 이유를 알지 못했고 오히려 나는 문제를 해결하지 못하고 도망친 나 자신을 부끄러워했다. 우리의 연락은 계속되어 언니가 밀양에 계신 스님을 만나러 갈 때 동행하기도 했다. 암자를 찾느라 산길을 헤맬 때 머리 위로 하얀 찔레꽃이 흐드러지게 피어 있던 풍경이 눈앞에 선하다.
 몇 년 후 결혼하고 서울로 돌아온 이후에는 부담 없이 거절도 할 수 있게 되었다. 언젠가 언니가 '너는 거리두기를 참 잘한다'라는 말을 한 적이 있었다. 내가 다소 무심하게 행동하여 속이 뜨끔하기도 했지만, 나는 긍정적인 표현으로 받아들였다.
 남편과 나를 이어준 덕분에 결혼 후 우리는 이전보다 더 가까운 사이가 되었다. 힘든 일이 있으면 전화로 이런저런 하소연을 많이 했다. 그럴 때면 무조건 내 편이 되어주었다. 친정 엄마나 언니보다 말이 더 잘 통했다.
 가끔 나와는 피를 나눈 가족도 아닌데 무슨 인연이기에 나에게 그렇게 많은 애정을 주었는지 고맙기도 하고 궁금하기도 했다. <재희>에서 영과 재희는 온갖 이야기를 주고받는데 "실은 재희도 나도 그런 얘기를 나눌 사람이 별로 없었기 때문에 서로가 좀 절실한 편이었다."라고 말한다.

우리도 그랬던 것 같았다. 언니는 보수적인 집안의 장녀로 말과 행동을 절제하며 살았다. 그런 언니에게 나는 편한 이야기 상대가 되었던 것 같았다. 반면에 나는 객지에 혼자 나와 있는 데다 공부하는 일 외에 아는 것이 거의 없었기에 언니와의 대화는 큰 도움이 되었다. 그렇게 오랫동안 우리는 서로의 이야기를 들어주며 우정을 나눴다.

삼청동에서 칼국수도 먹고 인사동에서 그릇도 사고 집도 보러 다니고 땅도 함께 보러 다녔는데, 우리 아이들이 크는 것을 지켜보며 친조카처럼 좋아했는데 지금은 언니를 만날 수 없다. 뇌출혈로 쓰러진 후 거동이 힘들고 말도 할 수 없게 되었다. 상태가 호전되면 연락을 주겠다던 말을 믿고 기다렸는데 결국에는 언니 번호는 없는 번호가 되고 말았다.

연락을 기다리는 동안 시간이 흐를수록 전화 너머에서 들려올 내용이 너무나 두려워지기도 했다. 그렇게 우리는 말 없는 이별을 했다.

"모든 아름다움이라고 명명되는 시절이 찰나에 불과하다는 것을 가르쳐준 재희는, 이제 이곳에 없다."

일전에 감명 깊게 읽었던 박상영의 소설 《대도시의 사랑법》에서 주인공 영은 가족 같고 연인 같은 친구인 재희와 함께 웃고 아파했던 20대가 가장 빛나던 시절이었음을 회상한다. 찰나처럼 스쳐 지나간 20대 시절을 함께했던 K 언니는 나의 재희였다. 친구 같던 K 언니의 인연이 가뭇없이 사라져 버린 것을 아쉬워하며 가만히 나의 주변을 돌아다본다.

이즈음 도서관에서 함께 글 쓰고 그림 그리고, 책을 정리하는 여러 얼굴들이 떠오른다. 그 얼굴 하나하나가 먼 훗날 내 가슴에 또 하나의 재희로 남아 그리워하게 되리라. 이처럼 소중한 이들에게 나도 그들의 재희가 될 수 있도록 더 아끼고 더 많이 사랑해야겠구나 생각해 본다.

맑은 물에 헹구고 마른행주로 닦아놓은 그릇이 저녁 불빛에 반짝 빛나고 있다.

우리는 만날 수 있을까?

살다가 우울해지면 혼자 큰 서점이나 미술관으로 간다. 답답한 현실에서 잠시 벗어나 다른 사람들의 이야기에 몰입하다 보면 내가 가진 문제는 어느새 작아지고 희미해져 평온한 마음으로 돌아오곤 한다. 어떤 작품은 당시의 내 정서와 꼭 들어맞아 커다란 감동을 주고 잊을 수 없는 추억으로 남아 있다.

2015년, 아이들이 대학을 졸업하고 집을 떠났을 때였다. 강의하랴 논문 쓰랴 늘 바쁘게 지내던 남편이 모처럼 한가하게 집에서 쉬고 있었다. 아마 내가 어딘가 외출하자고 했고 남편은 시큰둥한 반응을 보였던 것 같다. 속이 상한 나는 홀로 집을 나와 경복궁 근처 국립현대미술관으로 향했다.
지하 1층에서 안규철 작가의 설치 미술전 <안 보이는 사랑의 나라>가 열리고 있었다.

"고립과 격리는 <안 보이는 사랑의 나라>에서 공간의 중심적 특성이 된다. 입구의 금붕어들은 고립된 자신만의 공간에서 맴돌고, 필경사의 방은 참가자를 위한 격리실, 예배실 또는 일종의 감옥이 되며, …… 일상의 공간으로부터의 단절, 타인들로부터의 격리, 홀로 남은 자의 고독은, '안 보이는 사랑의 나라'로 가는 여정, 피할 수 없는 항해의 과정이다. 스님들의 묵언수행, 기도하는 사람들의 합장과 눈감기, 우리가 학교에서 보낸 그 긴 침묵의 시간들은 모두 같은 길을 향하고 있다."(안규철의 작가 노트에서)

<아홉 마리 금붕어>

　전시장에 들어서자마자 바닥에 맑고 투명한 옥색 수조가 눈에 들어왔다. 물로 채워진 얕은 수조는 동심원을 이루는 아홉 개의 얇은 벽으로 나누어져 있었고 각 원에는 주황색 금붕어가 한 마리씩 통로를 따라 둥글게 헤엄치고 있었다.
　수조의 물은 맑고 투명했고 배경색은 무척이나 아름다웠지만 금붕어들은 외로워 보였다. 누군가 그들을 가로막고 있는 벽을 치워주지 않으면 그들은 서로 만날 수가 없었다. 손을 넣어 당장 치워주고 싶지만, 내 의지 밖의 일이었다.

　'어쩌면 좋니. 어쩌면 좋니. 물 위로 뛰어올라 담을 넘을 수 있겠니. 서로를 막고 있는 장애물만 치우면 더 넓은 세상을 누릴 수 있고 서로 좋은 벗이 될 수도 있는데 어떻게 해야 그 벽을 걷어낼 수 있겠니?'
　<아홉 마리 금붕어>에서 작가가 말하는 개인의 고립과 외로움이 고통스럽게 밀려왔다. 적어도 내 가족과 친구들과는 그렇게 살지 않겠다고 다짐했다.

<1,000명의 책>

1,000명의 책, 2015, 잘 알림, 작업시 스피커, 카메라, 모니터, 종이 등, 1500 × 420 × 120cm

전시장 가운데 설치된 나지막한 계단을 오르면 좁은 통로가 놓여 있었고 그 끝에 '필경사의 방'이 마련되어 있었다. 그곳에서는 예약한 참가자들이 한 명씩 한 시간 동안 준비된 국내외 문학작품을 연이어 필사하고 있었다.

완성된 필사본은 전시가 끝난 뒤 한정판으로 복제되어 참가자들에게 배포된다고 했다. 이 작품도 고립된 공간과 개인의 고독한 상황을 보여주지만, 그들은 필사를 통해 한 권의 책이라는 의미 있는 결과물을 만들어내는 작업을 진행하고 있었다.

만약 내가 이 작품 참여자여서 나중에 완성된 필사본을 받고 1,000여 명의 서로 다른 필체를 본다면 어떤 기분이 들까? 누가 누군지 전혀 알지 못하는 사람들이 같은 마음으로 같은 공간에 머물렀음을 아는 것이야말로 안 보이는 사랑의 경험이라고 생각했다. 개인 차원에서도 그렇고 사회적인 차원에서는 미약한 개인들 연대의 가능성을 보여주기 때문에 더욱 그럴 것이라는 생각이 들었다.

<기억의 벽>

전시장 한쪽 벽면에는 8,600장의 메모지가 빼곡하게 꽂혀 있었다. 관객들에게 자신이 잃어버린 것, 그리워하는 것, 지금 여기 없는 소중한 것을 메모지에 쓰게 하고 벽에 걸게 했다.

엄마, 아빠, 할머니, 고향, 꿈, 사랑하는 사람, 고3, 스무 살, 복실이, 본성, 어린 시절에 대한 추억, 부서진 레고, 열정, 사랑, 초등학교 선생님, 학창 시절…….

나의 마음도 그들과 다름없었다. 돌아가신 할머니와 아버지가 그립고 지나간 어린 시절이 그리웠다. 살짝 눈물이 고였다. 1년이, 10년이 지난 후 나의 '기억의 벽'은 무엇으로 채워져 있을까? 지금 만나고 있는 사람들과 하는 일들이 빼곡히 적혀 있겠지. 후에 아쉬움의 눈물을 덜 흘리려면 현재의 삶을 소중하게 여겨야겠다는 생각과 함께 빨리 집에 가서 남편과 화해해야겠다고 마음먹었다.

그날 이후 주변에서 소통의 문제가 생기면 안규철 작가의

<안 보이는 사랑의 나라>를 떠올려 본다. <아홉 마리 금붕어>는 고립의 고통을 내 명치에 걸고 <기억의 벽>은 소중했던 기억과 함께 우리가 그리 다르지 않음을 상기시켜 준다. 그리움의 눈물은 딱딱하게 굳어진 몸과 마음을 이완시키고 당면한 문제에서 한 걸음 물러나 필경사의 방에서 조용히 머무를 것을 조언해 준다.

그런 후 우리는 '안 보이는 사랑의 나라'에서 다시 만날 것이다.

-밤새 내리던 눈이 드디어 그쳤다. 나는 다시 길을 떠난다. 오래전 고국을 떠난 이후 쌓이고 쌓인 눈으로 내 발자국 하나도 식별할 수 없는 천지지만 맹물이 되어 쓰러지기 전에 일어나 길을 떠난다. -마종기「안 보이는 사랑의 나라」중에서

버려진 나무

 이사를 앞둔 지인이 화분을 정리한다고 연락을 해왔다. 먼 지방이어서 나무 한 그루를 가져갈 수 없다며 말끝을 흐렸다. 아파트 쓰레기장에 버려진 것을 보고 차마 그냥 지나치지 못한 어느 지인이 주워다 주어서 어쩔 수 없이 키우고 있었다고 했다. 맡아줄 사람이 영 마땅찮으면 가져와 달라고 했다.
 좁은 베란다는 이미 각종 화분으로 가득해서 새 식구를 들일 여유가 없었지만, 어쩔 수 없는 일이었다.
 며칠 후, 비닐로 뿌리를 감싼 그 나무가 우리 집으로 실려 왔다. 키는 일 미터 남짓 되었고 줄기도 꽤 굵은 편이었다. 그러나 창백한 하얀 수피樹皮는 오히려 나무의 처연한 사연을 말해 주는 듯했다. 승용차 뒷좌석에 실어 오느라 그랬는지 짧게 자른 가지에는 시든 잎 몇 장이 힘겹게 매달려 있어 가슴이 저릿했다.

 급한 대로 플라스틱 화분에 심어 놓자, 신기하게도 나무의 표정이 달라졌다. 소복素服 같아 청승맞아 보이던 흰 수피는 이번에는 오히려 품격을 드러내는 듯했다. 같은 나무지만, 어디에서 어떻게 바라보느냐에 따라 전혀 다른 느낌을 주는 것이었다.
 문득 화분이 너무 가볍고 초라하다는 생각이 들어 청색 버드나무가 그려진 도자기 화분으로 옮겨 주었다. 나무와 화분이 비로소 제 자리를 찾은 듯 조화로웠다.
 그 순간, 예전에 보았던 최정화 작가의 전시회 <꽃, 숲>이 떠올랐다. 처음엔 화려한 정원을 기대하고 갔으나, 눈앞에 펼쳐진 첫 장면은 낡은 빨래판 수백 개로 이루어진 장엄한 물결이었다. 가까이 다가가니 닳고 닳은 세월이 파도처럼 넘실대는 듯했다. 작품명은 '늙은 꽃'. 그 순간 '우리들의 할머니, 어머니, 당신들이 꽃입니다.'라는 작가의 메시지가 가슴 깊이 밀려왔다.

전시장 안에는 철근 뭉치, 낡은 대걸레와 빗자루, 다 닳은 솥과 대야가 가지런히 쌓여 숲을 이루고 있었다. 이미 제 몫을 다하고 버려진 사물들이 모여 만든 풍경은 신기하게도 단아하고 경건하여, 그 앞에서 절로 두 손 모아 기도하고 싶을 만큼 숭고한 기분이었다.

며칠 뒤, 베란다의 나무에서 놀라운 변화를 목격했다. 묵은 잎사귀 사이로 연둣빛 새싹이 돋아나 아침 햇살을 받아 반짝이고 있었다. 그 생명의 기운 앞에서 나도 모르게 환호성을 내질렀다. 마지막 순간까지도 살아내려는 나무의 의지는 경이로웠다. 그것은 분명히 나에게 건네는 선물이었다.

나는 낡고 시든 것들을 하찮게 여겼다. 그러나 전시장의 사물들과 지인이 주고 간 나무를 통해 오래된 것, 버려진 것, 초라해 보이는 것들 속에도 여전히 아름다움은 존재하며 새로운 생명이 움트는 것을 알게 되었다. 어디에서 어떻게 바라보느냐에 따라 그것들은 다시 꽃이 되고, 숲이 되고, 삶의 빛을 드러내는 것이다.

글로 쓰는 삶의 향기 2025

구절초를 위하여

2025년 12월 10일 발행
지은이 문한기 외
펴낸곳 글향
만든곳 도서출판 산아래
등록 2025년 10월 23일(제2025-000139)
경기도 수원시 행궁로105
TEL 010-4362-9114
 E-mail leeann6013@naver.com
ⓒ 문한기 외. 2025
 ISBN 979-11-995694-0-9 03810
• 이 책은 [2025년 부천시 문화예술발전기금의 지원사업]의 지원을 받아 제작되었습니다.
• 가격은 뒤표지에 있으며, 파본은 구입하신 서점에서 교환해드립니다.
• 이 책은 저작권법에 의하여 보호를 받는 저작물이므로 무단 전재와 복사를 금합니다